문학과지성 시인선 359

고양이가
돌아오는 저녁

송찬호 시집

문학과지성사

문학과지성사에서 펴낸 송찬호의 시집

10년 동안의 빈 의자(1994)
붉은 눈, 동백(2000)
분홍 나막신(2016)

문학과지성 시인선 359

고양이가 돌아오는 저녁

초판 1쇄 발행 2009년 5월 15일
초판 16쇄 발행 2024년 3월 27일

지 은 이 송찬호
펴 낸 이 이광호
펴 낸 곳 ㈜문학과지성사

등록번호 제1993-000098호
주   소 04034 서울 마포구 잔다리로7길 18(서교동 377-20)
전   화 02)338-7224
팩   스 02)323-4180(편집) 02)338-7221(영업)
전자우편 moonji@moonji.com
홈페이지 www.moonji.com

ⓒ 송찬호, 2009. Printed in Seoul, Korea

ISBN 978-89-320-1957-4 03810

이 책의 판권은 지은이와 ㈜문학과지성사에 있습니다.
양측의 서면 동의 없는 무단 전재 및 복제를 금합니다.
지은이는 2006년 한국문화예술위원회가 지원한 창작지원금을 수혜했습니다.

문학과지성 시인선 359
고양이가 돌아오는 저녁

송찬호

2009

시인의 말

지난 십여 년간 쓴 시들을 모아
네번째 시집을 엮는다

작품을 정리하다 보니
꽃을 소재로 한 시가 여러 편이다

고운 봄날
이 거친 시집을
꽃 피는 시집으로 잘못 알고
찾아오는 나비에게
오래 머물다 가진 마시라고 해야겠다

2009년 5월
송찬호

고양이가 돌아오는 저녁

차례

시인의 말

제1부
옛날 옛적 우리 고향 마을에 처음 전기가 들어올 무렵,　9
나비　10
채송화　11
황사　12
꽃밭에서　14
봄　15
기록　16
반달곰이 사는 법　18
칸나　20
고양이　22
가방　24
염소　26
촛불　28
고양이가 돌아오는 저녁　29

제2부
민들레역　33

찔레꽃 34
동사자(凍死者) 36
늙은 산벚나무 38
고래의 꿈 40
오월 42
코스모스 44
만년필 46
토란 잎 48
복사꽃 51
살구꽃 52
가을 54
빈집 56
깜부기 삼촌 58

제3부

겨울 61
실연 62
초원의 빛 63
종달새 64
오동나무 66
소나기 68
소금 창고 70
손거울 72
진남교 벚꽃 74
사과 76

맨드라미 78
단풍 속으로 80

제4부

패랭이꽃 85
개나리 86
나팔꽃 우체국 87
백일홍 88
일식 90
사과 92
겨울의 여왕 94
당나귀 96
코끼리 98
유채꽃 99
기린 100
산토끼 똥 102

해설 | 고양이의 철학 동화 · 신범순 103

제1부

옛날 옛적 우리 고향 마을에 처음 전기가 들어올 무렵,

마당가 분꽃들은 노랑 다홍 빨강 색색의 전기가 들어온다고 좋아하였다
울타리 오이 넝쿨은 5촉짜리 노란 오이꽃이나 많이 피웠으면 좋겠다고 했다
닭장 밑 두꺼비는 찌르르르 푸른 전류가 흐르는 여치나 넙죽넙죽 받아먹었으면 좋겠다고 했다
그리고 가난한 우리 식구들, 늦은 저녁 날벌레 달려드는 전구 아래 둘러앉아 양푼 가득 삶은 감자라도 배불리 먹었으면 좋겠다고 생각했다

그해 여름 드디어 장독대 옆 백일홍에도 전기가 들어왔다
이제 꽃이 바람에 꺾이거나 시들거나 하는 걱정은 겨우 덜게 되었다
궂은 날에도 꽃대궁에 스위치를 달아 백일홍을 껐다 켰다 할 수 있게 되었다

나비

나비는 순식간에
째크나이프처럼
날개를 접었다 펼쳤다

도대체 그에게는 삶에서의 도망이란 없다
다만 꽃에서 꽃으로
유유히 흘러 다닐 뿐인데,

수많은 눈이 지켜보는
환한 대낮에
나비는 꽃에서 지갑을 훔쳐내었다

채송화

이 책은 소인국 이야기이다

이 책을 읽을 땐 쪼그려 앉아야 한다

책 속 소인국으로 건너가는 배는 오로지 버려진 구두 한 짝

깨진 조각 거울이 그곳의 가장 큰 호수

고양이는 고양이 수염으로 알록달록 포도씨만 한 주석을 달고

비둘기는 비둘기 똥으로 헌사를 남겼다

물뿌리개 하나로 뜨락과 울타리

모두 적실 수 있는 작은 영토

나의 책에 채송화가 피어 있다

황사

요즘 이곳 시골에서
혼례를 올리기 위해서는
바다 건너
사막 너머
먼 데서 신부를 데려와야 한다

예식은 읍내 식장까지 갈 필요가 없다
창밖 지붕 너머 들판과 냇가 건너
멀리 앞산까지 온통 뿌연 예식장

드디어 신부가 온다
누우런 면사포로 얼굴을 가리고
산 넘어 신부가 날아온다

신부의 가는 허리에서 방울 소리 울리고
속눈썹은 회초리처럼 길고
양털 가죽신을 신은 걸 보아
신부는 유목의 바람 세찬 곳에서 오나 보다

혼례는 하루 종일 계속된다
이 잔치를 거들고 즐기느라
목련과 산수유도 종일
눈이 따갑고 목이 아프다

그런데, 혼수용으로 신부를 따라온
염소구름은 어떻게 한다지?
이 뿌우연 봄날, 고삐를 매지 않으면
금방 사라져버릴 터인데

꽃밭에서

  탁란의 계절이 돌아와 먼 산 뻐꾸기 종일 울어대다
  채송화 까만 발톱 깎아주고 맨드라미 부스럼 살펴보다
  누워 있는 아내의 입은 더욱 가물다 혀가 나비처럼 갈라져 있다
  오후 한나절 게으름을 끌고 밭으로 나갔으나 우각(牛角)의 쟁기에 발만 다치고 돌아오다
  진작부터 곤궁이 찾아온다 했으나 마중 나가진 못하겠다
  개와 고양이 지나다니는 무너진 담장도 여태 손보지 않고
  찬란한 저 꽃밭에 아직 생활의 문도 세우지 못했으니

  비는 언제 오나
  애야, 빨래 걷어야겠다
  바지랑대 끝 뻐꾸기 소리 다 말랐다

봄

 이 적막한 계절의 국경을 넘어가자고 산비둘기 날아와 구욱 국 울어대는 봄날,
 산등성이 헛개나무들도 금연 구역을 슬금슬금 내려와 담배 한 대씩 태우고 돌아가는 무료한 한낮,
 그대가 오면 차를 마시려고 받아온 골짜기 약숫물도 한번 크게 뜨거워졌다가 맹숭하니 식어가는 오후,
 멀리 동구가 내다보이는 마당가 내가 앉아 있는 이 의자도 작년 이맘때보다 허리가 나빠져, 나도 이제는 들어가 쉬어야 하는 더 늦은 오후,

 어디서 또 봄이 전복됐는가 보다
 노곤하니 각시멧노랑나비 한 마리,
 다 낡은 꽃 기중기 끌고
 탈, 탈, 탈, 탈, 언덕을 넘어간다

기록

대체 서기(書記) 된 자의 책무란 얼마나 성가신 일인가 언젠가 나는 길을 잃고 헤매는 코끼리 떼를 흰 종이 위로 건너오게 한 적이 있었다

나는 그들의 숫자, 나이와 성별, 엄니의 길이와 무게, 무리의 지도자 습성, 이동 경로를 기록했다

그리고, 그들의 길고 주름진 코로 노획한 물건들—옷핀, 금발 인형, 가발, 빈 콜라병, 탐정용 돋보기, 야구 사인볼, 샌들 한 짝, 담배 파이프, 테러리스트의 복면 등, 온갖 문명의 잔해들도 자세히 적었다

그들의 다리는 굵고 튼튼하다 포도주를 짓이겨 대지의 부은 발등에 붓고 거친 나뭇가지와 뿌리를 씹어 엽록의 공장을 돌리고 낫처럼 휘어진 거대한 비뇨기로 곡식을 베어 눕힌다

그들에게 실향이란 없다 황혼이 오면 그들은 목울

대를 움직여 그들의 사랑하는 악기, 튜바의 삼각주로, 전 세계에 흩어진 천 개의 코끼리 강을 부른다 달콤한 무릎 관절의 샘이 흰개미를 불러 모으듯, 다이아몬드 광산이 총잡이를 부르듯,

   홍해가 갈라지는 아침, 찢어진 범선 같은 귀를 펄럭이며 한 무리의 대륙이 새로운 길을 찾아 천천히 이동해가는 것을 나는 보았다

반달곰이 사는 법

 지리산 뱀사골에 가면 제승대 옆 등산로에서 간이 휴게소를 운영하는 신혼의 젊은 반달곰 부부가 있다 휴게소는 도토리묵과 부침개와 간단한 차와 음료를 파는데, 차에는 솔내음차, 바위꽃차, 산각시나비팔랑임차, 뭉게구름피어오름차 등이 있다 그중 등산객들이 즐겨 찾는 것은 맑은바람차이다

 부부는 낮에는 음식을 팔고 저녁이면 하늘의 별을 닦거나 등성을 밝히는 꽃등의 심지에 기름을 붓고 등산객들이 헝클어놓은 길을 풀어내 다독여주곤 한다

 그런데, 반달곰 씨의 가슴에는 큼직한 상처가 있다 밀렵꾼들의 총에 맞아 가슴의 반달 한쪽이 떨어져 나갔기 때문이다 일전에 반달보호협회에서도 찾아왔다 그대들, 곰은 이미 사라져갈 운명이니 그 가슴의 반달이나 떼어 보호하는 게 어떤가 하고,

 돌아서 쓸쓸히 웃다가도 반달곰 씨는 아내를 보자

금세 얼굴이 환해진다 산열매를 닮아 익을 대로 익은 아내의 눈망울이 까맣다 머지않아 아기 곰이 태어나는 것이다 그러면 앞으로도 우리는 하늘을 아장아장 걷는 낮에 나온 반달을 볼 수 있지 않을까

  그 험한 산비탈 오르내리며 요즘 반달곰 씨는 등산 안내까지 겸하고 있다 오늘은 뭐 그리 신이 나는지 새벽부터 부산하다 우당탕 퉁탕……, 어이쿠 길 비켜라, 저기 바위택시 굴러 온다

칸나

드럼통 반 잘라 엎어놓고 칸나는 여기서 노래를 하였소
초록 기타 하나 들고 동전통 앞에 놓고
가다 멈춰 듣는 이 없어도 언제나
발갛게 목이 부어 있는 칸나
그의 로드 매니저 낡은 여행용 가방은
처마 아래에서 저렇게 비에 젖어 울고 있는데

그리고 칸나는 해질 녘이면 이곳 창가에 앉아
가끔씩 몽롱 한 잔씩을 마셨소
몸은 이미 저리 붉어
저녁노을로 타닥타닥 타고 있는데

박차가 달린 무거운 쇠구두를 신고 칸나는
세월의 말잔등을 때렸소
삼나무 숲이 획획 지나가버렸소
초록 기타가 히히힝, 하고 울었소
청춘도 진작에 담을 넘어 달아나버렸소

삼류 인생들은 저렇게 처마 밑에 쭈그리고 앉아 초로(初老)를 맞는 법이오

여기 잠시 칸나가 있었소
이 드럼통 화분에 잠시 칸나가 있다 떠났소
아무도 모르게 하룻밤 노루의 피가 자고 간 칸나의 붉은 아침이 있었소

고양이

여기 경매에 내놓으려 하는 오래된 꽃병이 있어요
꺾은 꽃가지에서 비린내가 나지 않으면 이제 그런 건 거들떠보지도 않네요
그러니 누가 저 꽃병목에 방울을 달겠어요?

쉬잇, 지금은 고양이 철학 시간이에요 앞발을
가지런히 모으고 앉아 모서리 구멍을 응시하고 있네요
아마 지금은 사라져버린 사냥 시대를 생각하고 있겠지요
우리는 모두 어둠과 추위로부터 쫓겨온 무리랍니다

한때는 방 안을 뒹굴던 털실 몽상가와 잘도 놀았답니다
현기증 나는 속도의 바퀴와 아찔한 연애도 해봤구요
요즘은 부쩍 네발 달린 것에 믿음이 가는가 봐요
네발 달린 의자에 사뿐히 뛰어 올라 털실이 떠나간
털실 바구니에 들어가 때때로 달콤한 오수를 즐기

지요

 앗, 잠시 한눈을 파는 사이 방 안 모서리, 손거울, 집 열쇠, 어항의 물고기가 사라지고 없어요
 다그쳐 물어도 종알종알 털만 핥을 뿐 모른다 도리질만 하네요
 쫑긋 귀 동그란 눈동자……, 그토록 짧은 혀로 그것들 모두 어디다 숨겼을까요

가방

가방이 가방 안에 죄수를 숨겨
탈옥에 성공했다는 뉴스가
시내에 쫘악 깔렸다

교도 경비들은, 그게 그냥 단순한
무소 가죽 가방인 줄 알았다고 했다
한때 가방 안이 풀밭이었고
강물로 그득 배를 채웠으며
뜨거운 콧김으로 되새김질했을 줄
누가 알았겠냐고 했다

끔찍한 일이다 탈옥한 죄수가 온 시내를 휘젓고 다닌다면
  숲으로 달아난다면
  구름 속으로 숨어든다면
  뿔이 있던 자리가 근지러워
  뜨거운 번개로 이마를 지진다면,

한동안 자기 가방을 꼼꼼히 살펴보는 사람들이 많아질 것이다
　열쇠와 지갑과 소지품은 잘 들어 있는지
　혹, 거친 숨소리가 희미하게나마 들리지는 않는지
　그 때 묻은 주둥이로 꽃을 만나면 달려가 부벼대지는 않는지

염소

저렇게 나비와 벌을 들이받고
공중을 치받고
제자리에서 한 발짝도
움쩍 않고 버티기만 하는
저 꽃을 어떻게 불러야 하나

하여, 우리는 저 고집 센 꽃으로부터
뿔을 뽑아내기 위해
근육을 덜어내기 위해
짐승을 쫓아내기 위해
부단히 채찍질을 하였다

그리고 부지런히 말과 글을 배운
염소 학교 졸업식 날
그에게 많은 축복이 있었다
산과 들판은 절벽에 붙어살며
바위 사이를 뛰어다니는 쿠션 좋은 침대를
시간은 쉼 없이 풀을 씹어

향을 피워 올리는 검은 향로를
시냇물은 약간 소심한 낯짝의 거울을
구름은 근사한 수염을
그리고 우리는 고삐를 주었다

촛불

캄캄한 그들이 다시 왔나이다 그들에 의해,
밤이 불려 왔나이다
불려 와 무릎 꿇어졌나이다
캄캄한 칼로 밤을 내리쳤나이다

상수리나무 열매는
그리 되게 하사,
단단한 돌의 이마에 입을 맞추었나이다
어금니를 꽉 깨물었나이다
밤이 둘로 쪼개졌나이다

희미한 빛에 사로잡혀,
촛불은 둘로 쪼개졌나이다
뜨거운 촛농이 흘러내렸나이다

금단추도 굴러 왔나이다
돌잉어도 헤엄쳐 왔나이다
희미한 빛의 시종이 되게 하사,
캄캄한 그들이 왔나이다

고양이가 돌아오는 저녁

고양이가 돌아오는 저녁,

입안의 비린내를 헹궈내고
달이 솟아오르는 창가
그의 옆에 앉는다

이미 궁기는 감춰두었건만
손을 핥고
연신 등을 부벼대는
이 마음의 비린내를 어쩐다?

나는 처마 끝 달의 찬장을 열고
맑게 씻은
접시 하나 꺼낸다

오늘 저녁엔 내어줄 게
아무것도 없구나
여기 이 희고 둥근 것이나 핥아보렴

제2부

민들레역

민들레역은 황간역 다음에 있다
고삐 매여 있지 않은 녹슨 기관차 한 대
고개를 주억거리며 여기저기
철로변 꽃을 따 먹고 있다

에구, 이 철없는 쇳덩이야
오목눈이 울리는 뻐꾸기야
쪼르르 달려나온 장닭 한 마리
대차게 기관차 머릴 쪼아댄다

민들레 여러분, 병아리 양말 무릎까지
모두 끌어올렸어요? 이름표 달았어요?
네 네 네네네, 자 그럼 출발!

민들레는 달린다
종알종알 달린다
민들레역은 황간역 다음

찔레꽃

 그해 봄 결혼식 날 아침 네가 집을 떠나면서 나보고 찔레나무 숲에 가보라 하였다

 나는 거울 앞에 앉아 한쪽 눈썹을 밀면서 그 눈썹 자리에 초승달이 돋을 때쯤이면 너를 잊을 수 있겠다 장담하였던 것인데,

 읍내 예식장이 떠들썩했겠다 신부도 기쁜 눈물 흘렸겠다 나는 기어이 찔레나무 숲으로 달려가 덤불 아래 엎어놓은 하얀 사기 사발 속 너의 편지를 읽긴 읽었던 것인데 차마 다 읽지는 못하였다

 세월은 흘렀다 타관을 떠돌기 어언 이십수 년, 삶이 그렇데 징 소리 한 번에 화들짝 놀라 엉겁결에 무대에 뛰어오르는 거, 어쩌다 고향 뒷산 그 옛 찔레나무 앞에 섰을 때 덤불 아래 그 흰빛 사기 희미한데

 예나 지금이나 찔레꽃은 하얬어라 벙어리처럼 하

얘어라 눈썹도 없는 것이 꼭 눈썹도 없는 것이 찔레
나무 덤불 아래에서 오월의 뱀이 울고 있다

동사자(凍死者)

 여전히 사내는 눈의 여왕을 기다리고 있다 이제 방은 거의 빙하로 뒤덮였다 저쪽 방 한구석에서 소주 한 병 라면 한 냄비의 보급을 실은 쇄빙선이 몇 번 항진을 시도하다 되돌아갔다

 한 가지 불길한 사건이 있었다 난방 배관을 건드린 것인지 방바닥 저 밑을 지나던 잠수함이 기관 고장을 일으켜 수백 미터 얼음 아래 갇혀 있다는 소식이다 아하, 그래서 연탄 보일러가 얼어 터졌구나!

 사내는 옷을 몇 겹 더 껴입는다 눈앞에서 환영처럼, 북극의 흰곰이 방을 가로질러 간다 그렇다, 지금은 사냥의 계절! 사내는 자작나무 무늬의 벽지를 두리번거린다 저 숲 간이 피난소 어딘가에 화약과 양초를 숨겨놓았을 터인데,

 그러나 때는 이미 늦었다 벌써 여왕이 들이닥칠 시간이다…… 여왕은 한 방울의 하얀 피를 떨어뜨려

꾀죄죄한 몇 벌의 옷과 곰팡이가 핀 벽지의 방 안 풍경을 순식간에 아름다운 설원으로 바꿔놓는다 사내의 얼굴도 피가 도는 듯하다 여왕과의 키스를 기억하려는 듯 입을 벌리고 눈을 반쯤 뜬 채,

 어찌 보면 동사(凍死)란 이 계절의 여왕이 낮게 내뱉는 가녀린 한숨 같은 것일 게다 아무튼 사내의 장례는 청색의 관을 준비해야 한다 요즘 시대 동사자가 생기는 건 흔치 않은 일이니까, 죽어서도 부자들은 가난뱅이들과 섞이려 들지 않으니까,

 채찍을 휘둘러 마차의 속력을 더 내야겠다 시간 앞에서는 여왕도 늙는다 여왕의 얼굴도 녹아 사라진다

늙은 산벚나무

앞으로 늙은 곰은 동면에서 깨어나도 동굴 밖으로
나가지 않으리라 결심했는 기라
동굴에서 발톱이나 깎으며 뒹굴다가
여생을 마치기로 했는 기라

그런데 또 몸이 근질거리는 기라
등이며 어깨며 발긋발긋해지는 기라
문득, 등 비비며 놀던 산벚나무가 생각나는 기라

그때 그게 우리 눈에 딱, 걸렸는 기라
 서로 가려운 곳 긁어주고 등 비비며 놀다 들킨 것
이 부끄러운지
 곰은 산벚나무 뒤로 숨고 산벚나무는 곰 뒤로 숨어
 그 풍경이 산벚나무인지 곰인지 분간이 되지 않아

우리는 한동안 산행을 멈추고 바라보았는 기라
중동이 썩어 꺾인 늙은 산벚나무가
곰 발바닥처럼 뭉특하게 남아 있는 가지에 꽃을

피워

　우리 앞에 슬며시 내미는 기라

고래의 꿈

나는 늘 고래의 꿈을 꾼다
언젠가 고래를 만나면 그에게 줄
물을 내뿜는 작은 화분 하나도 키우고 있다

깊은 밤 나는 심해의 고래 방송국에 주파수를 맞추고
그들이 동료를 부르거나 먹이를 찾을 때 노래하는
길고 아름다운 허밍에 귀 기울이곤 한다
맑은 날이면 아득히 망원경 코끝까지 걸어가
수평선 너머 고래의 항로를 지켜보기도 한다

누군가는 이런 말을 한다 고래는 사라져버렸어
그런 커다란 꿈은 이미 존재하지도 않아
하지만 나는 바다의 목로에 앉아 여전히 고래의 이야길 듣는다
해마들이 진주의 계곡을 발견했대
농게 가족이 새 뻘집으로 이사를 한다더군
봐, 화분에서 분수가 벌써 이만큼 자랐는걸……

내게는 아직 많은 날들이 있다 내일은 5마력의 동력을
배에 더 얹어야겠다 깨진 파도의 유리창을 갈아 끼워야겠다
저 아래 물밑을 흐르는 어뢰의 아이들 손을 잡고 쏜살같이 해협을 달려봐야겠다

누구나 그러하듯 내게도 꿈이 하나 있다
하얗게 물을 뿜어 올리는 화분 하나 등에 얹고
어린 고래로 돌아오는 꿈

오월

냇물에 떠내려오는 저 난분분 꽃잎들
술 자욱 얼룩진 너럭바위들
사슴들은 놀다 벌써 돌아들 갔다
그들이 버리고 간 관(冠)을 쓰고 논들
이제 무슨 흥이 있을까 춘절(春節)은 이미 지나가 버렸다

염소와 물푸레나무와의 질긴 연애도 끝났다
염소는 고삐로 수없이 물푸레나무를 친친 감았고
뿔은 또 그걸 들이받았다
지친 물푸레나무는 물푸레나무 숲으로 돌아가고
염소는 고삐를 끊은 채 집을 찾아 돌아왔다

그러나 그딴 실연에도 아랑곳하지 않고
돗자리 말아 등에 지고 강아지풀 꼬릴 잡고
더듬더듬 들길을 따라오는 저 맹인 악사를 보아라
저 맹목의 초록이 더욱 짙어지기 전에,

지금은 청보리 한 톨에 햇볕과 바람의 말씀을 더 새겨넣어야 할 때
둠벙은 수위를 높여 소금쟁이 학교를 열어야 할 때
살찐 붕어들이 버드나무 가랑이 사이 수초를 들락날락해야 할 때!

코스모스

지난 팔월 아라비아 상인이 찾아와
코스모스 가을 신상품을 소개하고 돌아갔다
여전히 가늘고 긴 꽃대와
석청 냄새가 나는 꽃은
밀교(密敎)에 한층 더 가까워진 것처럼 보인다

헌데 나는 모가지가 가는 꽃에 대해서는
골똘히 바라보다 반짝이는
조약돌을 머리에 하나씩 얹어주는
버릇이 있다 코스모스가 꼭 그러하다

가을 운동회 날 같은 맑은 아침
학교 가는 조무래기 아이들 몇 세워놓고
쉼 없이 바람에 하늘거리는 저 꽃의 근육 없는 무
용을 보아라

이제 가까스로 궁티의 한때를 벗어났다 생각되는
인생의 오후, 돌아보면 젊은 날은 아름답다

코스모스 면사무소 첫 출근 날 첫 일과가
하늘 아래 오지의 꽃밭을 다 세는 일이었던,
스물한 살 지방행정서기보

바람의 터번이 다 풀렸고나 가을이 깊어간다
대체 저 깊고 푸른 가을 하늘의 통점은 어디인가
나는 오늘 멀리 돌아다니던, 생활의 관절
모두 빠져나간 무릎 조용히 불러 앞세우고
코스모스 길 따라 뼈주사 한 대 맞으러 간다

만년필

 이것으로 무엇을 이룰 수 있을 것인가 만년필 끝 이렇게 작고 짧은 삽날을 나는 여지껏 본 적이 없다

 한때, 이것으로 허공에 광두정을 박고 술 취한 넥타이나 구름을 걸어두었다 이것으로 경매에 나오는 죽은 말 대가리 눈 화장을 해주는 미용사 일도 하였다

 또 한때, 이것으로 근엄한 장군의 수염을 그리거나 부유한 앵무새의 혓바닥 노릇을 한 적도 있다 그리고 지금은 이것으로 공원묘지의 일을 얻어 비명을 읽어주거나 가끔씩 때늦은 후회의 글을 쓰기도 한다

 그리하여 볕 좋은 어느 가을날 오후 나는 눈썹 까만 해바라기 씨를 까먹으면서, 해바라기 그 황금 원반에 새겨진 파카니 크리스탈이니 하는 빛나는 만년필 시대의 이름들을 추억해보는 것이다

 그리고 나는 오래된 만년필을 만지작거리며 지난

날 습작의 삶을 돌이켜본다 ─ 만년필은 백지의 벽에 머리를 짓찧는다 만년필은 캄캄한 백지 속으로 들어가 오랜 불면의 밤을 밝힌다 ─ 이런 수사는 모두 고통스런 지난 일들이다!

 하지만 나는 책상 서랍을 여닫을 때마다 혼자 뒹굴어 다니는 이 잊혀진 필기구를 보면서 가끔은 이런 상념에 젖기도 하는 것이다 거품 부글거리는 이 잉크의 늪에 한 마리 푸른 악어가 산다

토란 잎

 나는, 또르르르…… 물방울이 굴러가 모이는 토란 잎 한가운데 물방울 마을에 산다 마을 뒤로는 달팽이 기도원으로 올라가는 작은 언덕길이 있고 마을 동남쪽 해 뜨는 곳 토란 잎 끝에는 청개구리 청소년수련원의 번지점프 도약대가 있다

 토란 잎은 비바람에 뒤집힌 우산을 닮았다 가끔씩 우리는 빗방울 듣는 토란 잎 대궁 아래 앉아 아직 오지 않은 버스를 기다리곤 한다 한번은 낙하산을 타고 내려오던 군인이 하늘에서 길을 잃고 토란 잎에 착지한 적 있다 나는 그와 함께 초록 뱀이 짧게 발등을 스치고 지나간 청춘의 오솔길에 대해 오래 이야기하였다

 때로 바람이 없어도 토란 잎은 온몸을 흔들며 경련을 한다 어디든 삶의 격절과 단층은 있는가 보다 그럴 때마다 물방울들은 의자나 기둥에 매달려 떨며 흔들리며 몹시 아프다

지난여름 세차게 소나기가 토란 잎을 두드리며 연주하는 가설무대가 들어온 적 있다 한 달간 소나기가 계속되었고 그다음 한 달은 폭염이 세상을 지배했다 빗속 천둥과 번개가 토란 잎 위에서 뒹굴었고 그다음 전라(全裸)의 젊은 남녀가 태양을 피해 토란 잎 그늘로 뛰어들었다 그러고 보면 세상을 한껏 치장하는 앵무새의 혀, 사자의 갈기, 원숭이의 다이아몬드 꼬리, 잉어의 수염 등은 한낱 삶의 가면에 불과하다

  그리고 지난여름, 토란 잎을 둘러싼 탱자나무 울타리에 커다란 해일이 일었다 그러나 어떠한 사소한 뉴스도 탱자나무 가시 울타리를 뚫고 넘어오지 못했다 다만, 아무도 다치지 않은 채 오직 탱자나무 가시만 홀로 아팠다 그리고 훌쩍 여름은 지나갔다

  언제나, 물방울들은 토란 잎 한가운데 모여 합창을 한다 또르르르 또르르르 쉼 없는 물방울들의 합창, 또르르르 또르르르 힘겨운 물방울들의 노 젓기, 토란

잎 이 배가 가 닿는 세상의 끝은 어디인가 나는 게으르게 언덕에 누워 아득히 하늘을 지나는 비행기를 본다 어디 저기에서 쓸 만한 냉장고 하나 안 떨어지나……

복사꽃

옛말에 꽃싸움에서는 이길 자 없다 했으니
그런 눈부신 꽃을 만나면 멀리 피해 가라 했다
언덕 너머 복숭아밭께를 지날 때였다

갑자기 울긋불긋 복면을 한
나무들이 나타나
앞을 가로막았다

바람이 한 번 불자
나뭇가지에서 후드득 후드득,
꽃의 무사들이 뛰어내려 나를 에워쌌다

나는 저 앞 곡우(穀雨)의 강을 바삐 건너야 한다고
사정했으나 그들은 꿈쩍도 하지 않았다
그럴 땐 술과 고기와 노래를 바쳐야 하는데
나는 가까스로 시 한 편 내어놓고 물러날 수 있었다

살구꽃

살구꽃이 잠깐 피었다 졌다
살구꽃 무늬 양산을 활짝 폈다가
사지는 않고
그냥 가격만 물어보고
슬그머니 접어 내려놓듯이

정말 우리는 살구꽃이 잠깐이라는 걸 안다
봄의 절정인 어느 날
활짝 핀 살구꽃이 벌들과
혼인 비행을 떠나버리면,

남은 살구나무는 꽃이 없어도
그게 누구네 나무라는 걸 눈을 감고도 훤히 알듯이
재봉틀 소리 나는 곳이 살구나무 수선집이고
종일 망치 소리 나는 곳이 살구나무 철공소라는 걸
멀리서도 알고 있듯이

살구나무와 연애 한번 하지 않아도

살구나무가 입은 속옷이
연분홍 빤쓰라는 걸
속으로만 우리가 알고 있듯이

가을

딱! 콩꼬투리에서 튀어 나간 콩알이 가슴을 스치자, 깜짝 놀란 장끼가 건너편 숲으로 날아가 껑, 껑, 우는 서러운 가을이었다

딱! 콩꼬투리에서 튀어 나간 콩알이 엉덩이를 때리자, 초경이 비친 계집애처럼 화들짝 놀란 노루가 찔끔 피 한 방울 흘리며 맞은편 골짜기로 정신없이 달아나는 가을이었다

멧돼지 무리는 어제 그제 달밤에 뒹굴던 삼밭이 생각나, 외딴 콩밭쯤은 거들떠보지도 않고 지나치는 산비알 가을이었다

내년이면 이 콩밭도 묵정밭이 된다고 하였다 허리 구부정한 콩밭 주인은 이제 산등성이 동그란 백도라지 무덤이 더 좋다 하였다 그리고 올 소출이 황두 두 말가웃은 된다고 빙그레 웃었다

그나저나 아직 볕이 좋아 여직 도리깨를 맞지 않은 꼬투리들이 따닥따닥 제 깎지를 열어 콩알 몇 낱을 있는 힘껏 멀리 쏘아 보내는 가을이었다

콩새야, 니 여태 거기서 머 하고 있노 어여 콩알 주워가지 않구, 다래 넝쿨 위에 앉아 있던 콩새는 자신을 들킨 것이 부끄러워 꼭 콩새만 한 가슴만 두근거리는 가을이었다

빈집

지붕밑 다락에 살던 두통들이
뿔뿔이 흩어지는 것을 마지막으로
이제 그 집은 빈집이 되었다

가구를 들어내 휑하니 드러난
벽들은 오랜 망설임 끝에
좌파로 남기로 결심했고

담쟁이덩굴들이 올라와 넘어다보던
아름답던 이층 창문들은
모두 천국으로 갔다

그리고, 거실에 홀로 남은 낡은 피아노의
건반은 고양이들이 밟고 지나다녀도
아무도 소리치며 달려오는 이 없다
이미 시간의 악어가 피아노 속을
다 뜯어먹고 늪으로 되돌아갔으니

구석에 버려져 울고 있던 어린 촛불도
빈집이 된 후의 최초의 밤이
그를 새벽으로 데려갔을 것이었다

벌써 어떻게 알았는지
노숙의 구름들이 몰려와
지붕에 창에 나무에 각다귀 떼처럼 들러붙어 있다

이따금 바람이 나무를 흔들어
그들의 퇴거를 종용해보지만, 부력을 잃고
떠도는 자들에게 그게 무슨 소용 있으랴
철거반이 들이닥칠 때까지
한동안 그들은 꿈쩍도 않을 것이니

깜부기 삼촌

그해 보리밭은 유난히 푸르렀다
전년에 흉작이 들어 그해엔 보다 일찍
이삭이 패야 한다는 보리밭 동맹이 있었기 때문에
그리고 그때 바다 건너 먼 나라에서는 언제 끝날지 모를 오랜 전쟁이 있었다

삼촌은 유난히 얼굴이 까매 깜부기란 별명으로 불렸다
계절이 온통 청보리에서 보리로 맹렬히 익어갈 때
삼촌은 낮에도 그냥 깜부기 밤에도 그냥 깜부기

삼촌의 생애는 까맸다 가난과 무지로
얼굴 한번 비춰볼 청춘의 물도 없이
속마저 까맣게 타서

그해 유월이 다 가기도 전,
휘파람 불며 들판을 쏘다니던 깜부기 삼촌은
그것이 다시 돌아오지 못할 길인 줄도 모른 채
공산주의와 싸우러 월남으로 떠났다

제3부

겨울

이것은 겨울과의 계약서예요
죽은 정원을 하나 샀죠
그러고는 서둘러 실내로 뛰어 들어왔어요

겨울은 자라지 않는 이야기의 계절이지요
그런데 사람들은 가끔씩 지금이 겨울임을
망각하고 이렇게 묻곤 하지요
우리 집 풍자(諷刺)는 왜 키가 크지 않는 거죠?

겨울은 언제나 참으로 길지요
웃고 노래하고 떠들다 지쳤는지 아이들은
이제 눈트는 씨앗의 입구에 몰려가 있어요

창밖 정원은 여전히 잠들어 있어요
나는 잠시 망치질을 멈추고 깊은 상념에 잠기지요
꽃 피고 새 우는 상자,
이것의 손잡이를 어느 쪽에 붙일까 생각해야겠기에

실연

여자는 눈이 퉁퉁 붓도록 울었다 여자는 말똥을 담는 소쿠리처럼 자신이 버려졌다고 생각했다

그런데 거울을 보지 않고 지낸 얼마 사이 초승달 눈썹 도둑이 다녀간 게 틀림없었다

거울 속 상심으로 더욱 희고 수척해진 비련의 여인에게 구애의 담쟁이덩굴이 뻗어가 있었던 것이다!

여자는 콤팩트를 열고 그중 가장 눈부신 나비 색조를 꺼내 자신의 콧등에 얹어놓았다

여자의 화장 손놀림이 빨라졌다 이제 여자의 코를 높이는 끝없는 나비의 노역이 다시 시작되었다

초원의 빛

그때가 유월이었던가요
당신이 나를 슬쩍 밀었던가요
그래서 풀밭에 덜렁 누웠던 것인데
초록이 나를 때렸죠
등짝에 찰싹, 초록 풀물이 들었죠

나는 왠지 모를 눈물이 핑 돌아
벌떡 일어나, 그 너른
풀밭을 마구 달렸죠
초록 신발이 벗겨지는 것도 몰랐죠
숨은 가쁘고 바람에 머리는 헝클어졌죠
나는 그때, 거의, 사랑에 붙잡힐 뻔했죠

언덕에서 느릅나무는 이 모든 걸 보고 있었죠
한낮의 연기 속에서
초록은 꽁지 짧은 새들을 때렸죠
키 작은 제비꽃들도 때렸죠
더 짙고 아득한 곳으로 질주하는
한줄기 어떤 청춘의 빛이 있었죠

종달새

나는 달린다 달팽이보다 더 빨리
지렁이보다 더 멀리 나는 달린다
종아리에 피리 구멍이 터져 흐를 때까지

나는 이제 당분간 통속한 새들의 시장을 떠난다
 신문도 보지 않고 일기예보도 듣지 않고 화단에 물도 주지 않는다
내 몸의 피리 구멍으로 무거운 피가 모두 빠져
나갈 때까지 나는 달려야 한다 더 가벼워져야 한다

강물 조약돌에 비친 물고기 눈 속에
갈대들이 부는 휘파람 속에
꼭 쥔 아이의 주먹 속에
공중에 파종할 새들의 씨앗이 들어 있다*
나는 나뭇가지에 새로운 서정의 집을 짓는다

앞으로 내 꿈은 저 들판의 푸른 종지기,
나는 솟구친다 나는 비상한다

나는 온몸으로 꽃들을 타종한다

나는 달린다 바람보다
더 빨리 구름보다 더 멀리
내 푸른 종아리에 종달새 산다

* 장석주의 시 「고양이」의 변용.

오동나무

나는 아직도 오동나무를 찾아가던 그 시절을 생생히 기억하고 있다
그때 나는 어떤 푸른 그늘이 필요했다
하여 찾아간 오동나무와의 인사는 아름드리 그 나무 허리를 한번 안아보았던 것

근처에서는 딸기나무 관리인인 검은 염소가
청동의 고삐를 잃어버린 것일까
온통 딸기나무 밭을 헤집어놓고 있었다

오동나무는 말했다 나무 위쪽에 빠끔한 하늘을
그냥 흑판으로 쓰는 작은 산비둘기 학교가 있고 발아래
뿌리가 뻗어나간 곳까지 일궈놓은 이십여 평의 그늘이 그의 삶의 전부라고

그 말을 들어서일까 나무 아래 평상에 앉아 먹는
오동나무 막국수가 얼마나 맛있던지

오동나무 따님이 내온 냉차는 얼마나 시원하던지

그때 계절은 참으로 치열하였다
염소의 두 뿔과 붉은 딸기가 얼마나 범벅이었는지
냇가에서는 돌과 잉어의 배가 얼마나 딴딴해졌는지

떠날 때 오동나무는 잎을 따 주었다
몇 번 사양을 했지만 푸른 날들을 잊지 말라며
내 주머니 속에 기어이 오동 잎 몇 장 꾸깃꾸깃 넣어주는 것이었다

지금도 나는 언덕 위 그 오동나무 그늘을 기억하고 있다
다리 건너 입구의 오동나무 편지통, 현관 앞 오 분 늦게 가는 오래된 오동나무 괘종시계, 진흙이 달라붙어 잘 떨어지지 않던 오동나무 구두, 부엌에서 들리던 오동나무 도마 소리……

소나기

도둑을 쫓다 양철 지붕 빈집에 이르렀다
언제 사람이 살다 간 것일까
지붕은 붉은 페인트가 반이나 벗겨진 채
흙벽은 무너지고 문짝은 떨어져 나가 있었다

옛날 사람들은 저런 집에서 어떻게 살았는지 몰라
비 올 때면 양철 지붕 빗소리 요란하고
옹색한 살림에 아이들은 많아 바람 잘 날 없었을 테니

그래도 말이다 오늘은 그 시끄러운 소리 한번 들어보게
소나기 한줄금 시원하게 왔으면 좋겠다
소나기 오면 그 옛 소나기로 왔으면 좋겠다

어이 도둑놈아, 여기서 담배 한 대씩 태우고 가자
그러고 보니 우리도 참 시끄럽게
살았다 그렇지?

까맣게 그을음 올라앉은 정짓간 천장
거기 쓸 만한 서까래 몇 골라내면
고요히 적막 한 채 지을 수 있겠다

소금 창고

돈 떼먹고 도망간 여자를 찾아
물어물어 여기 소금 창고까지 왔네
소금 창고는 아무도 없네
이미 오래전부터 소금이 들어오지 않아
소금 창고는 텅 비어 있었네

나는 이미 짐작한 바가 있어,
얼굴 흰 소금 신부를 맞으러
서쪽으로 가는 바람같이
무슨 설레는 마음으로 찾아온 건 아니지만,

나는 또, 사슴 같은 바다를 보러 온 젊은 날같이
연애 창고인 줄만 알고
손을 잡고 뛰어드는 젊은 날같이
함부로 이 소금 창고를 찾아온 것도 아니지만,

가까이 보이는 바다로 쉬지 않고 술들의 배가 지나
갔네

나는 그토록 다짐했던 금주(禁酒)의 맹세가 생각나
또, 여자의 머릿결 적시던 술이 생각나
바닷가에 쭈그리고 앉아 오랫동안 울었네

소금 창고는 아무도 없네
그리고 짜디짠 이 세상 어디엔가
소금같이 뿌려진 여자가 있네

나는 또, 어딘가로 돌아가야 하지만
사랑에 기대는 법 없이
저 혼자 저렇게 낡아갈 수 있는 건
오직 여기 소금 창고뿐이네

손거울

내가 태어난 건 기적이었어요 지금은 젖이 마르고 불모가 되어버린, 달의 옆구리에서 태어났으니까요 내게는 당장 유모가 필요했죠 그래서 해 뜨는 언덕으로 보내졌죠 거기서 나는 해바라기 젖을 먹고 자랐어요

어렸을 땐 행복했어요 달팽이들이 나를 동그랗게 에워싸고 고와져라 예뻐져라 내 얼굴을 팽팽하게 잡아당겼죠 버려진 빨간 구두코에 여우가 밤마다 찾아와 입 맞추는 걸 엿보며 삶의 비의를 깨달았죠 외로운 말뚝을 죽어라 때려 박는 해머의 사랑도 이해하게 됐죠 그러고는 훌쩍 커버렸어요 어깨에 달라붙어 있던 달팽이들이 화들짝 놀라 주루룩 미끄러져 내렸어요

민들레 자매들이 홀씨가 되어 비행하는 분명한 저녁이었어요 숲 속 악동들인 꼬깔버섯들이 졸참나무 아래 집으로 돌아가는 고요한 저녁이었어요 웬 아가씨가 오랫동안 손거울을 들여다보고 있었죠 너는, 누

구니?

 어두운 앞날을 대비해 난 양초와 고래기름을 준비했죠 눈을 좀 찢어보렴 이마도 모으고 코도 좀 높여보렴 온갖 일 참견하는 억척 어멈들이 세상에 그리 많다는 걸 나중에야 알았죠 악다구니 커다란 거울들의 전쟁이 있었다는 것도 후일 알았죠

 난 지금 멀리 있어요 인생이 막 심각해지기 시작하는 아가씨를 따라왔죠 난 저 천방지축 아가씨를 전사로 키우겠어요 난 자신 있어요 난 당신들의 딸이니까요 그럼 다음 소식 때까지, 그믐 엄마 반달 엄마 둥근 엄마, 안녕

진남교 벚꽃

경북 문경시 진남교반에는
문을 연 지 백 년이 넘는다는
아주 오래된 벚꽃 은행이 있는데요

해마다 사월이면 나도 그 벚꽃 은행을 찾는데요
갈 때마다 꽃 사태 사람 사태
천지간 온통 희부옇게
벚꽃 예금 인출 사태가 벌어지는데요

그렇게 꽃을 퍼내다 그 늙다리 나무
은행 파산하는 거 아닌지 몰라!
조마조마한 마음으로
올해는 벚꽃철 맨 끄트머리에 찾아갔는데요

늦은 오후, 풀풀 날리는 꽃그늘 아래
한 평짜리 평상 휴게실에
비스듬히 기대어 있는 빗자루 경비가 들려주는 말,
오늘은 내 앞으로 딱 두 사람

고모산 흰 사슴과
서울 사는 비단 구두 장수가 다녀갔다는데요

사과

 머리 위에서 터지던 사과탄은 붉었어야 했다고 생각한다
 동글고 주먹만 한 회색빛 사과탄은 그 매운
 최루 가스만큼이나 붉었어야 했다고 생각한다

 과수원에 이르러, 우리는 쉬이 잊혔던
 지난날 어떤 사소한 기억에 대하여 이야기하고 있었다
 그것은 돌팔매처럼 먼 전선으로부터 날아왔다는 것
 날아와선 꽃씨 주머니처럼 인정사정없이 터졌다는 것
 그런데, 그때나 지금이나 세상은 아직 꽃밭이 아니어서 그걸 도로 집어던지기도 했다는 것

 과수원은 사과 따기가 한창이었다
 그중 어떤 건 이 계절 내내
 가지에 매달려 있어야 하겠지만,

우리는 발아래 사과 하나를 주워 들었다
대체 누가 이 사과의 핀을 뽑아버렸을까
사과는 붉다 금방이라도 터질 것만큼 붉다

맨드라미

맨드라미 머리에 한 됫박 피를 들이붓는 계관(鷄冠)식 날이었다
폭풍우에 멀리 날아간 우산을 찾아 소년 무지개가 집을 떠나는 날이었다
앵두나무 그늘에 버려진 하모니카도 썩은 어금니로 환하게 웃는 날이었다

멀고 가까운 곳에서 맨드라미 동문들이 찾아와 축하를 해준 날이었다
봉숭아 금잔화 천일홍 등으로 구성된 장독대 악단의 찬조 공연도 펼쳐진 날이었다
우리도 가만있을 순 없지, 일요회 소속 맨드라미파 화가들도 풍경화 몇 점 남긴 날이었다

이거 약소한데요, 인근 슈퍼에서 후원한 박카스도 한 병씩 돌리는 날이었다
오늘 참 이상한 날이네 웬 붉은 깍두기 머리들이 이리 많이 모였지?

땀 뻘뻘 흘리며 나비 검침원이 여기저기 찔러보고 날아다니는 긴긴 여름날이었다

단풍 속으로

저기 등짐 지고 가는 비루먹은 노새 한 마리 눈은 희뜩, 코는 발씸, 방울은 쩔렁, 그래도 오늘은 일거리가 좀 있나 보다

벌써 짜디짠 애정의 소금가마 알록달록 색정의 청춘 남녀를 석천장 여관에 부려놓고 우람한 떡갈나무 갈비 한 짝 산사 입구 장영 식당에 실어다 놓았다

냇가 옆 잉어바위에 앉아 잠시 졸음 끄덕, 뼈끔나무 아래에서 담배 한 대 풀썩, 지금은 물푸레나무 가게에서 등잔목 하나 고르는데

잔디밭 그늘에 지화자 여럿 어울려 춤추며 노랠 부른다 가만 들어보니, 이 국립 단풍원(丹楓園)에 딴스홀을 허하라!* 다시 한 떼의 행락객들이 노랑 지전 뿌리며 은행나무 숲길로 들어서는데,

참, 세상 드럽게 곱다 나도 이 귓속에 술 한 말 들

이붓는다? 눈은 희뜩, 코는 발씸, 얼굴은 붉콰……, 어룽어룽 저기 단풍 한 짐 등에 지고 가는 노새 한 마리

* 김진송의 책 『서울에 딴스홀을 許하라』의 변용.

제4부

패랭이꽃

방죽 너머 길가에 패랭이꽃 여자가 피어 있다
여자 나이는 마흔쯤 됐겠다 꽃잎 속눈썹은 삐뚤, 꽃 모가지는 빼뚤,
그런 그 여자의 삐뚤빼뚤한 길을 따라 염소들은 오늘도 학교엘 가는데,
보나마나 오늘 듣고 쓰기 시간 염소들 글씨도 삐뚤빼뚤
그 주위 풍경도 더는 참지 못하고 공장 굴뚝 연기도 삐딱, 앞을 횅하니 지나간 택시의 먼지구름도 삐딱,

부스스 여자는 몸을 일으킨다 지금은 학교에서 아이들이 돌아올 시간,
길 가는 누군가 패랭이꽃을 물으면 여자는 자기의 아랫도리를 보여준다
성긴 잎과 줄기, 초록 목발로 서 있는 패랭이 패랭이 패랭이……
그 여자의 몸에 다보록 패랭이꽃이 모여 사는 곳이 있다

개나리

노랗게 핀 개나리 단지 앞을 지나던
고물 장수의 벌어진 입이 다물어질 줄 모른다
아니, 언제 이렇게 개나리 고물이 많이 폈다냐

봄꽃을 누가 가지 하나하나 세어서 파나
그냥 고철 무게로 달아 넘기면 그만인 것을

나팔꽃 우체국

요즈음 간절기라서 꽃의 집배가 좀 더디다
그래도 누구든 생일날 아침이면 꽃나팔 불어준다
어제는 여름 꽃 시리즈 우표가 새로 들어왔다
 요즘 꽃들은 향기가 없어 주소 찾기 힘들다지만
 너는 알지? 우리 꿀벌 통신들 언제나 부지런하다는 걸

 혹시 너와 나 사이 오랫동안 소식이 끊긴다 하더라도
이 세계의 서사는 죽지 않으리라 믿는다
미래로 우리를 태우고 갈 꽃마차는
끝없이 갈라져 나가다가도 끊어질 듯 이어지는
저와 같은 나팔꽃 이야기일 테니까

올부터 우리는 그리운 옛 꽃씨를 모으는 중이다
보내는 주소는, 조그만 종이봉투 나팔꽃 사서함
우리 동네 꽃동네 나팔꽃 우체국

백일홍

담벼락 아래 옹기종기 모여 노는 대가리 부스럼투성이 백일홍들
공기놀이하는 백일홍 물구나무서기하는 백일홍
양식 구하러 간 엄마 언제 오나 까치발 하여 멀리 동구 밖 내다보는 백일홍

놀다 허기지면 우물가에 내려가 한 바가지씩 물배를 채우고
오뉴월 땡볕 똥글똥글 궁굴려 가는 쇠똥구리 백일홍
다섯 살 막내 졸졸 따라다니며 누런 코 핥아 먹는 강아지 백일홍

이담에 크면 우리 여기다 커다란 꽃밭을 만들자
그다음 여기 꽃밭에다 뽐뿌를 박고
촐랑촐랑 여기서 퍼올린 물로
분홍물 다홍물 장사를 하자

그때 골목을 들어오시던 어머니,

일평생 그날 단 하루 신식 여성이셨던 우리 어머니
그날 친정 갔다 얻어 입고 온 허름한 비로드 양장 치마저고리
그때 처녀 적 수줍음처럼 어머니 가슴에서 반짝이던 빠알간 백일홍 브로치!

일식

횡단보도 앞 신호등이 바뀌는 그 짧은 순간, 나는 늑대 옆에 서 있었다
그때 검은 해가 지나갔다 그때 내 피는 꽃처럼 가려웠다
도시는 잠시 어두워졌고 자동차들은 경적을 울렸다

달이 해를 가리고 지나가는 그 짧은 순간,
나는 늑대 속으로 뛰어들고 싶었다 복면을 하고
은행원들을 개처럼 바닥에 엎드리게 하고
불이야, 소방차가 불난 꽃집으로 달려가게 하고
유명한 불륜 남녀를 맨홀 속으로 내려가 사라지게 하고
앵무새가 되어 엽기적 살인 사건의 배후로 등장하고 싶었다

어느 한순간, 인간과 늑대 사이에 맺어진
이 피의 유대가 잠시 확인되는 듯도 했다
좁은 통로에서 양손에 서로 생맥주잔을 하나씩 들고

맥주를 흘리지 않고 옷깃이 닿지 않으려
상체를 젖혀 서로 스쳐 지나가기는 했다
술꾼들로 떠들썩한 희미한 달의 호프집 안에서!

신호등이 바뀌는 횡단보도 앞에서 그때 나는 늑대 바깥에 서 있었다
세상은 아무 일도 없다는 듯 도시는 다시 환해졌다
웅덩이의 물이 바지에 튀지 않도록 조심하면서 나는 횡단보도를 건넜다
나는 오랫동안 다른 이름으로 살기를 원했다

사과

 여기 이 붉은 곳은 사과의 남쪽, 홍수의 개미들이 위태하게 건너가는 저 녹슨 철사줄은 사과의 적도, 그리고 물컹하게 썩어가는 여기 이곳이 사과의 광대뼈

 이제 허리 구부러진 저 늙은 사과나무의 무릎에서 사금을 캐지 말자 탈옥의 휘파람도 불지 말자 생의 달콤함을 훔쳐 달아나던 팔월의 사과도 저렇게 붉은 가죽 조끼 한 벌로 포박돼 가지 끝에 매달려 있으니

 부카치카 부카치카…… 벌판을 달려와 허공으로 앞머리를 번쩍 쳐든 바람의 하모니카 여기는 더 이상 갈 곳 없는 개망초 나라, 가쁜 숨을 헐떡이며 망초 대 몇 단 부러뜨려 침목으로 베고 누운 곳, 물 한 그릇 떠놓을 성소조차 한 곳 없는 여기는 사과의 뒤편

 여기쯤 파란 대문이 서 있었겠다 이 문으로 사내들은 진귀한 낙타 눈썹을 찾아 사막으로 떠나고 얼굴 검은 여자들이 태양의 분을 바르고 십 리를 걸어 마

마와 기근을 영접했겠다 그래도 여길 다시 한 번 보아라 돌로 찧은 여뀌즙 사랑은 여전히 물고기 눈을 찌르고 갈라진 시멘트 틈에서도 아이들은 분수처럼 솟고 그대의 어미들은 천 일의 밤을 팔아 아침 한때를 맞이하리니

　누군가 한 입 베어 먹고 멀리 던져버린 여기는 사과의 궁전

겨울의 여왕

 우리는 겨울의 여왕을 기다리고 있어요 여왕을 맞기 위해 우리는 언덕의 울타리를 높여 눈사태를 막아야 해요 굴뚝에 고깔 지붕을 씌우고 창문을 덧대고 무거운 솜과 소금을 짊어지고 당나귀 시험도 통과해야 해요

 겨울의 여왕은 멀리 북극 열차를 타고 오지요 곧 수만 볼트 고압의 추위가 레일을 타고 빠르게 달려올 거예요 엄청난 폭풍이 몰려와 배를 산꼭대기로 밀어 올릴 거예요 그래도 우린 견뎌야 해요 끝없이 밤을 행군하는 군인들의 일그러진 얼굴을 보아요 그들의 차가운 총검이 녹아 부러지면 어찌 되겠어요 더욱 혹한이 와야 해요 연못 속 물고기도 자석을 꼬옥 물고 얼음장 아래 단단히 붙어 있어야 해요

 돌쩌귀가 바람에 울고 있어요 벌써 길 건너 오리나무 숲 아궁이도 꺼졌어요 덜컹거리는 창문 소리에 놀라 목화씨가 가장 먼저 겨울잠을 깼네요 지금 여기는

겨울의 피가 부족해요 얼음의 콧수염에 붙는 세금마저 너무 비싸요

 겨울의 여왕님, 우리는 당신에게 우리 아이들을 바쳤답니다 이 겨울 가장 추운 나라에 사는 순록의 뿔처럼 아이들 키를 한 뼘만 키워주세요 지금쯤 아이들은 대륙을 이동하는 쇠기러기의 바구니를 얻어 타고 북극을 날겠군요 투룬바 호수의 푸른 눈동자와 오로라 공주도 보겠군요 그런데 어쩌나, 우리는 백설의 구두가 녹을까 봐 따뜻한 난로 곁으로 당신을 부르지 못하겠군요…… 아무튼, 겨울이 깊었습니다 사랑해요, 겨울의 여왕님!

당나귀

이런 집이 있다 구름 안장만
얹어놓아도 힘들다고
등이 푹 꺼지는 게으른 집
그래도 문을 열고 들어가면 반갑다고
방울 소리 울리는 늙고 꾀 많은 집

그래도 그것을 집이라고 나는,
생활을 고삐에 단단히 매둘 요량으로
집 앞 물가에 버드나무도 한 그루 심고
나귀가 좋아하는 호밀의 씨도 뿌렸다

그리고 가끔 이런 생각을 한다
호밀 한 자루 팔아 거위를 사고
거위를 팔아 양을 사고
양을 팔아 구름을 사면
언제 그런 부귀의 구름 위에 사는 날이 오기는 할까

벌써 버드나무는 지붕보다 높이 자라고

바람은 날마다 호밀의 귀를 간질이는데,

아직도 이런 집이 있다
해가 중천인데도 창문에 눈곱이 덕지덕지한 집
집 뒤 갈밭에 커다란 임금님 귀가 산다고 소리쳐도
들었는지 말았는지 기척 하나 없는 여전히 모르쇠
의 집

코끼리

나는 거대하다
나는 천천히 먹고 잠자고 천천히 이동한다
벌써 나는 삼만 년째 석상(石像)이 되어가고 있다

나는 이미 오래전 사냥꾼들에게 그림자를 빼앗겼다
그들은 내 몸을 마구 파헤쳤다 내 눈앞에서
초원은 시들고 강과 호수는 사라져버렸다
그들의 배로 열차로 군대로
내 살과 피를 조각내 운반해 갔다

그들은 내 몸을 쇠사슬로 묶었다
내 등에 그들의 의자가 놓여 있다
그들의 식탁과 사무실과 침대가 올라타 있다

그러나 보아라, 그들이 아무리 채찍을
휘둘러 재촉해도 나는 굳세게
천천히 먹고 잠자고 천천히 이동한다
나는 삼만 년째 석상이 되어가고 있다
나는 거대하게 사라져간다

유채꽃

　십만 평 너른 강변 노란 유채밭은 좋아라
　십만 평 아지랑이 하늘도 좋아라
　유채 강 그물에 퍼득이는 팔뚝만 한 잉어들도 좋아라
　방금 앉아 놀다 간 스무 살 처녀들 꽃방석은 더욱 좋아라

　그리고 유채밭 한 귀퉁이 미나리꽝은 푸르러
　온종일 아이 생각에 미나리 다듬는 조급한 마음만 푸르러

　멀리 강둑에 혼자 나와 앉아 하모니카 부는 눈먼 아이
　어메 아즉 안 오나, 더욱 목이 길어진 전봇대 한 주
　미나리꽝 보이나…… 전봇대 끝 종다리 노랗게 눈곱 끼겠다

기린

 길고 높다란 기린의 머리 위에 그 옛날 산상 호수의 흔적이 있다 그때 누가 그 목마른 바가지를 거기다 올려놓았을까 그때 그 설교 시대에 조개들은 어떻게 그 호수에 다다를 수 있었을까

 별을 헤는 밤, 한때 우리는 저 기린의 긴 목을 별을 따는 장대로 사용하였다 기린의 머리에 긁힌 별들이 아아아아— 노래하며 유성처럼 흘러가던 시절이 있었다

 어렸을 적 웃자람을 막기 위해 어른들이 해바라기 머리 위에 무거운 돌을 올려놓을 때, 나는 그걸 내리기 위해 해바라기 대궁을 오르다 몇 번씩 떨어졌느니, 가파른 기린의 등에 매달려 진드기를 잡아먹고 사는 아프리카 노랑부리 할미새의 비애를 이제야 알겠으니,

 언제 한번 궤도열차 타고 아득히 기린의 목을 올라

고원을 걸어보았으면, 멀리 야구장에서 홈런볼이 날아오면 그걸 주워다 아이에게 갖다 주었으면, 걷고 걷다가 기린의 뿔을 닮은 하늘나리 한 가지 꺾어올 수 있었으면

 기린이 내게 다가와, 언제 동물원이 쉬는 날 야외로 나가 풀밭의 식사를 하자 한다 하지만 오늘은 머리에 고깔모자 쓰고 주렁주렁 목에 풍선 달고 어린이날 재롱 잔치에 정신없이 바쁘단다 아이들 부르는 소리에 다시 경중경중 뛰어가는 저 우스꽝스런 기린의 모습을 보아라 최후의 詩의 족장을 보아라

산토끼 똥

산토끼가 똥을
누고 간 후에

혼자 남은 산토끼 똥은
그 까만 눈을
말똥말똥하게 뜨고
깊은 생각에 빠졌다

지금 토끼는
어느 산을 넘고 있을까?

| 해설 |

고양이의 철학 동화

신 범 순

1. 송찬호의 대화적 상상력

일찍이 이상(李箱)은 역사 시대를 비판하는 거울 이미지를 남겼다. 특히 역사 시대의 마지막을 그는 「실낙원」 중의 「월상」이나 「오감도」 중의 「시제14호」 같은 시들에서 그렸다. 역사를 상징하는 폐허의 성 위에서 역사 시대 전체의 음울한 망령과 대결하는 시가 「시제14호」이다. 병든 달의 추락으로 인한 대홍수, 그리고 그로 인한 모든 생명체의 멸망에 대해 묵시론적 언어로 말하는 시가 바로 「월상」이다. 비록 이상의 괴벽이나 그의 천재적 재치 같은 것에 많은 사람들이 몰두해왔지만, 실제로 그가 남긴 이러한 거대한 사상의 골짜기는 우리 앞에 여전히 미지의 세계로 가로놓여져 있다. 후대의 시인들 중에 과연 누가 그러한 골짜기에 들어가본 사람이 있겠는가? 나는 이 한마디로 내가 좋아하는 한 시인의 시집에 대한 가벼운 사족을 달아보고자 한다.

시를 쓴다는 것은 과연 무엇인가? 진정한 시인이라면 이 간단한 물음을 언제나 자신의 가슴 깊숙이 매달고 살지 않을까? 문학 이론 교과서에 나오는 '시는 이런 것이다'라는 정의에 더 이상 사로잡히지 않을 때, 이 물음은 시작된다. 나는 송찬호의 지난번 시집인 『붉은 눈, 동백』을 읽었을 때, 그가 바로 이 물음을 새롭게 스스로에게 제기하고 있음을 느꼈다. 거기 실린 시들은 약간은 초현실주의 시처럼 보일 정도로, 서로 연관성이 전혀 없을 것 같은 사물들을 마구 결합시키고 있었기 때문이다. 그러나 그 이전에 『10년 동안의 빈 의자』에서 보였던 낯섦, 예를 들어서 코끼리와 신문사의 결합 같은 것들은 많이 사라져 있었다. 아마 그가 의도했던 것은 초현실주의적인 충격 같은 것은 아니었을 것이다. 낯선 것들을 대면시키거나 폭력적으로 결합시키는 서구의 전위적 사유는 마그리트 그림처럼 신비롭고 의아한 충격을 던진다. 그것은 지금까지 일상적으로 굳어진 것들을 파괴하거나 뒤흔든다. 그러나 그것뿐이다. 송찬호는 서구적 지식인들이 의도했던 그러한 일상 파괴적 사유와 상상력을 전개하지는 않았다. 그렇다면 그의 낯섦과 충격(?)은 어떠한 것인가? 그의 『붉은 눈, 동백』 전체에 깔린 신화적 자연주의에 주목해보기를! 이 의

인화된 '동백 선생'은 감추어진 은자이며, 경전이며, 자연의 꽃이다. 멀리 떨어져 있는 것 같은 이 세 영역이 아무런 매개항도 없이 하나로 통합되어 있다. 그가 이러한 충격적인 기법들로 우리에게 이 '동백'을 약간은 낯설게 소개하는 것이 신선했다. 여기서 '동백'은 자연의 힘과 거기 깃들어 있는 자연의 '존재'들을 상징한다. 우리 일상 현실의 가장자리에서, 또 그 너머에서 그것은 빛과 향기를 뿜는다. 그러한 존재들의 빛과 소리와 향기, 그러한 것들의 삶을 들려주기 위해 그는 우리에게 충격들을 가한다. 서구 전위 예술들의 인공적이고 분열증적인 이미지들이나 파괴적 문법과 그의 시학은 멀리 떨어져 있다. 그는 '동백'을 여러 인간적인 사유와 삶의 방식들로 감싸서 말하고 있지만, 결국은 우리의 그러한 사유와 삶들에서 잘 포착되지 않는 상징적인 꽃의 존재에 다가서기 위해 말하고 있는 것이다. 그는 부드러운 통합적 대화론을 개척해왔다. 마그리트의 변증법적 이미지는 여전히 과격한 폭력적 결합 속에서 탄생한다. 허공에 뜬 산이라니! 이 낯선 변증법적 풍경은 지나치게 도식적이다. 송찬호에게 동백의 종(鐘)이 푸른 바다의 너울에서 솟구치는 것은 이와는 전혀 다른 차원에 있다. 물과 쇠, 물의 파도와 소리의 파도는 서로를 부르며 서로를 주조해준다. 그것은 매우 부드럽게 소통하는 대화법에서 만들어진다.

나는 그의 시에서 이상의 역사 비판 정신이 한 줄기 계

승된 것을 본다. 이상은 「LE URINE(오줌)」이란 시에서 얼어붙은 역사 시대의 대지를 적시며 흘러가는 "실(絲)과 같은 동화"에 대해 말했었다. 송찬호는 '동백'을 통해 이 세상에서의 혁명을 논한다. 그러나 그것은 계급 혁명이나 산업 혁명 같은 것들이 아니다. 그보다는 자연과 소통되는 정신문명을 향한 혁명이라고 보아야 할 것이다. 바다 어딘가에 있는 '동백국'이 바로 그러한 혁명적 이상향이다.

이번 시집 『고양이가 돌아오는 저녁』은 그러한 그의 사유가 시인 자신의 삶 속에서 녹아든 상태로 드러나 있다. 그는 거창한 경전이나 신비로운 『산해경』적 어법을 벗어나서, 이제 자신의 일상 속에서 자신의 시점과 어법으로 그에 대해 말하기 시작한 것이다.

그가 조곤조곤 우리의 마음속에 대고 말하는 것은 무엇일까? 나비와 고양이, 반달곰과 눈의 여왕, 기린과 고래, 코끼리, 칸나, 채송화, 살구꽃 같은 것들이다. 어쩐지 초등학교 시절의 아련한 꿈들을 통해 보았던 책의 그림들처럼 보이지 않는가. 그는 동화적이고 신비스런 마법적 상상력을 풀어내면서 그러한 것들을 되불러오고 있다. 아, 그때 그 시절, 우리의 영혼은 얼마나 깊고 멀리 대화의 문을 열어놓고 있었던가! 우리에게는 얼마나 많은 이웃들이 있었던가! 구름의 커튼 뒤에 숨겨진 하늘의 끝없는 이야기에 대해 꿈꾸던 시절, 그것들은 모두 내 나라에 속해 있었다. 지평선 너머에 숨겨진 미지의 나라들은 또 얼마나 광막했던가! 땅속에 사는 거인과 난쟁이 나라 이야기는, 땅속이 그저 꽉 찬 덩어리가 아니고 우리의 꿈으로 가득 차 있음을 보여주는 것이었다. 송찬호는 단순히 어린 시절의 동화적 대화술로 되돌아가고 싶은 것인가? 잃어버린 어린 시절의 꿈 많았던 세월을 되찾고 싶은 것인가?

그러나 송찬호는 이러한 순진한 욕망을 갖고 있지 않다. 그의 동화적 상상력과 언어는, 이 차갑게 얼어붙고 오염되어 쓰레기터처럼 변해가는 세상에서, 부글거리며 끓어오르는 잉크의 늪에서 솟구치는 것이다. "거품 부글거리는 이 잉크의 늪에 한 마리 **푸른 악어**가 산다"(강조는 인용자)고 그는 「만년필」에서 노래했다. 그 '푸른 악어'를 깨워내는 것이 그의 이번 시집에 실린 시들이다. 이미 상업화된 어린이 동화들을 전복시키면서, 어른 속에서 '아이'를 캐내야 한다. 잉크의 쓰디쓴 늪에서 꿈틀거리는 '푸른 악어'는 자신과 대화할 수 있는 이 세계의 모든 생명체를 부른다. 그의 동화는 쓰디쓴 '어른―아이'의 동화인데, 왜냐하면 그것은 어른들의 냉정하고 각박한 현실에서 굴러다니며 때를 묻히고, 길들어진 말과 대상들을 가지고 써야 하기 때문이다. 이러한 각박한 현실과 동떨어진 '꿈의 나라' 동화들을 상업적으로 개발해서 팔아먹는 문학 상점에서 그는 멀리 떨어져 있다. 그가 불러내는 '어른―아이'에게 그는 자신의 새로운 동화 이야기를 들려주려 한다. 그는 늪의 생명력을 강력하게 도전적으로 표출할 것 같은 '푸른 악어'를 부르고 있는 것이다.

2. 고양이 철학과 산비둘기 학교

이러한 동화적 상상력과 어법을 개발한 시인 중에 백석과 윤동주가 있다. 윤동주는 100부 한정판으로 찍어냈던 백석의 『사슴』을 구하지 못해서, 도서관에서 그것을 빌려 하루 종일 노트에 베꼈다. 순수한 영혼들은 이렇게 멀리서도 서로 통한다. 윤동주의 시작 노트에는 「참새」 「귀뚜라미와 나와」 같은 동화적 시들이 있었다. 그는 "귀뚜라미와 나와/ 잔디밭에서 이야기했다./귀뜰귀뜰/귀뜰귀뜰/ 아무게도 알으켜 주지 말고/우리 둘만 알자고 약속했다"고 노래했다. 그의 참새들은 마당의 하얀 종이 위에서 글씨 공부를 한다. "가을 지난 마당은 하이얀 종이/ 참새들이 글씨를 공부하지요/ 째액 째액 입으로/ 받아 읽으며/ 두 발로는 글씨를 연습하지요." 귀뚜라미나 참새들의 세계를 엿보고 그들의 삶을 느껴본 시인의 말이다. 귀뚜라미와 둘이 약속하는 이 열린 대화적 상상력을, 그는 자연 속에 펼쳐보였다. 그 유명한 「별 헤는 밤」에 나오는 동물들은 이러한 그의 동화적 세계에서 친근했던 존재들이다. 그러나 그는 이제는 멀리 떨어져버린 북방의 고향(그의 고향은 북간도 용정이다) 세계 속에 추억처럼 흐릿한 그리운 이름들로만 불러댄다.

백석은 그의 문학 활동 초창기인 1935년에 「마을의 유화」라는 동화적 이야기를 썼다. 그는 붕괴되어가는 마을의 옛 풍속을 소중하게 껴안고 싶어 했다. 그러한 옛 이야기들은 그 마을을 지탱해온 영감 노파들의 몰락과 함께 사라져갈 운명이었다. 백석은 이러한 몰락을 마을에 몰아닥친 근대의 문명적 바람과 연관시킨다. 그는 이렇게 말했다.

새세상이 영감 노파에게 온 뒤로 이 산골의 물과 바위와 물속의 가재와 산새와 닭 개 짐승과 수풀과 나무와 낮하늘의 해와 밤하늘의 별들은 가난하고 외롭고 늙어 병신이 된 이 두 불쌍한 생명을 무서워하고 경계하는듯 하였다.

「고야(古夜)」라는 시에서 "땅아래 고래 같은 기와집"에 사는 "외발 가진 조마구" 이야기를 썼던 백석, 「여우난곬족」에서 떠들썩한 마을의 축제와 밤 깊은 줄 모르고 몰두하던 아이들의 놀이를 그렸던 백석은 사실 이렇게 우울한 글로 출발했었다. 「닭을 채인 이야기」도 마찬가지이다. 마을에 사는 한 노인의 닭장에 몰래 숨어들어가 거기 있는 닭들을 다 죽이는 이야기는, 닭들의 말과 생각과 그들의 세계를 깊이 들여다보는 백석의 동화적 상상력을 통해서 펼쳐진다. "수상한 일이다! —— 누가 한숨을 지으며 꼬르

륵 하고 말했다.──암탉은── 눈치를 치었다. 그래서 얼른 발에 힘을 주면서 일어섰다. 숨찬 소리로 암만해두 수상하다, 일이 나는가부다고 그는 '꼭꼭, 꼭꼭꼭' 한 것이다.──암컷이 새삼스럽게 '에구 이걸 어디카노'── 꼭꼭 꼬꼬댁, 꼑꼑 꾸루룩 꾹꾹 쌍쌍, 삐양 삐양 울고불고 소리를 지르고 웅얼거리고들 하기 시작하였다." 자기들을 돌보는 디펑영감이 잠들어 있는 동안 마을의 깡패 같은 존재인 시생이에게 이 닭들은 몰살당한다. 닭을 그저 한낱 인간을 위해 고기나 달걀을 제공하는 것으로 생각하지 않고 하나의 세계를 살아가는 의식 있는 존재로 바라보는 것, 디펑영감의 이 따뜻한 시선을 닭들은 알고 있다. 백석은 이렇게 닭들의 세계 속으로 깊이 들어가 그들의 대화를, 신음 소리를, 한탄과 절규를 포착한다. 그가 이야기한 마을의 노인들이 그 세계의 마지막 동참자이다.

백석은 이러한 노인들을 마지막에 동화적 빛으로 감쌌다. 몰락하며 꺼져가는 빛으로 말이다. 이러한 것들을 몰락시키는 폭풍을 몰고 오는 세계를 그는 이렇게 표현했다. "땅 위에는 하늘 아래에는 어디들로부터인지 새라새 세상들이 찾아와서 머물대로 머물려 들었다." 백석은 이렇게 아주 오랜 신화적 분위기를 삶의 풍속에 녹여서 전승시켜 온 '마을'의 마지막 역사를 포착했다. 그 이후 쓰인 시들은 이 마을의 죽음에 대한 애도적 추모시라고 할 수 있다. 『사슴』 시편들은 바로 그러한 것들이다. 윤동주는 도서관에서 이 시편들을 베꼈던 것이다.

  나는 송찬호를 이러한 동화적 상상력의 계보를 잇는 시인으로 생각한다. 『붉은 눈, 동백』에 실린 「金사슴」 같은 시에 그 분명한 전조가 있다. 이 계보의 흐름은 마치 이상이 "실과 같은 동화"라고 말했듯이 그렇게 가느다란 실처럼 이어지고 있다. 너무 많은 시인들이 이제는 현실적인 계산에 익숙한 어른들의 이성적인 세계로 다 넘어가버렸기 때문이다. 백석이 마을의 마지막 노을빛을 보던 시대에 그는 새롭게 몰아닥치는 근대의 납빛 폭풍을 보았다. 그러나 지금은 이미 그러한 폭풍 같은 것들은 없다. 그 폭풍을 몰고 온 세력들이 모든 것을 평정한 지 오래고, 그 세력들의 독기가 산과 강의 뿌리까지 너무 깊이 배어 있고, 지구 전체에 너무 광대하게 펼쳐져 있을 뿐이다. 가장 순수해야 할 문학의 영역에도 그러한 독기는 깊이 배어들었다. 어떤 시인들은 그러한 세계 속에서 납작해진 채로, 납작해진 언어들로 만들어진 미로 정원을 거닌다. 언어 바깥의 현실로부터 자유로워진 것 같은, 이 언어 세계의 주민이 된다. 그러나 공기와 물이 썩어가는 이때, 그로부터 독립적인 언어 세계에 사는 주민은 오염되지 않는가? 그들의 운명도 언어에 의해 결정되지는 않는다. 언어철학자들이 '세계'나 '오염' 같은 말을 정의하기 위해 세월을 흘려보내는 동안, 세계는 붕괴된다. 지금도 지구의 많은 생명체들이 멸종되고 죽어가고 있다.

송찬호는 이 시대의 시적인 동화를 새롭게 펼쳐내고자 한다. 그것은 백석과는 다른 방식이다. 이제 신화를 간직한 마을도 없어진 지 오래이고, 자연도 황량해진 지 오래이다. 이 적막한 황무지 세계에서 그래도 살아가는 자연의 존재들을 방문하고, 그들과 대화해본다는 것은 근대인(이 뽐내는 어른들, 자기 자신에만 집착하는 이들을 교육시키기란 매우 어려운 일인데)을 교양시키기 위해 필요한 일이 될지 모른다. 자 그의 동화를 새로운 세계 인식을 위한 교양 교육이라고 생각하면 좋지 않을까? 현대적인 '인간의 학교'보다 '소금쟁이 학교' '산비둘기 학교' '염소 학교' 같은 것들이 필요하지 않을까?「고양이」에서처럼 '고양이의 철학'은 또 어떤가?

> 쉬잇, 지금은 **고양이 철학 시간**이에요 앞발을
> 가지런히 모으고 앉아 모서리 구멍을 응시하고 있네요
> 아마 지금은 **사라져버린 사냥 시대**를 생각하고 있겠지요
> 우리는 모두 어둠과 추위로부터 쫓겨온 무리랍니다
> ―「고양이」부분(강조는 인용자)

이 '고양이'가 문명에 길들여진 존재임을 보여주는 시적 표현에서 송찬호는 능숙한 시적 솜씨를 발휘한다. "한때는 방 안을 뒹굴던 털실 몽상가와 잘도 놀았답니다/현기증 나는 속도의 바퀴와 아찔한 연애도 해봤구요/요즘은

부쩍 네발 달린 것에 믿음이 가는가 봐요" 그렇다면 '고양이의 철학'은 무엇인가? 이 시의 마지막 부분에서 그 철학적 내용에 대한 암시를 읽을 수 있을지 모른다.

   앗, 잠시 한눈을 파는 사이 방 안 모서리, 손거울, 집 열쇠, 어항의 물고기가 사라지고 없어요
   다그쳐 물어도 종알종알 털만 핥을 뿐 모른다 도리질만 하네요
   쫑긋 귀 동그란 눈동자……, 그토록 짧은 혀로 그것들 모두 어디다 숨겼을까요   ——「고양이」 부분

털실 바구니에 들어가서 달콤한 잠을 즐기는 이 고양이를 이 시대 동화적 시인의 표상으로 삼을 수 있지 않을까? 사람들과 가장 친밀한 이 애완동물 고양이의 철학 시간은 그의 달콤한 낮잠 시간이다. 그의 꿈속에서 자신을 둘러싼 인간적인 문명의 내용물과 테두리가 몽땅 증발한다. 자신의 방과 그 속의 사물들, 그리고 그 방과 집을 여는 열쇠까지 사라진다. 문명에 길든 이 애완동물의 꿈은 그 문명 전체에 대한 의문문이다. 갑자기 야생적인 사냥 시대로 돌아갈 수 있는 모서리의 구멍(꿈의 구멍)을 그는 응시하고 있다.

이 '고양이 철학'을 쉽게 비판할 수는 있다. 문명 비판이란 순진한 것이 아닌가? 문명을 등지고 살아가는 사람

들의 삶은 결국 고통스러운 것이 아닌가? 이러한 질문들을 문명론자들은 쉽게 들이댄다. 아마 송찬호의 '고양이의 철학'은 '소금쟁이 학교'나 '염소 학교' '산비둘기 학교' 등을 통해서 그에 대한 대답을 준비하고 있을 것이다. 그 자연 속 생명체들의 학교 이야기는 잘못된 문명의 우둔함(우리 문명은 모기 한 마리의 역할에 대해서도 모른다. 오염된 피를 빨아 정화하는 이 생명체를 혐오해서 무조건 퇴치한다)과, 문명적인 삶의 기계론적 단순성(과학적 영농법에 의해 재배된 과일 채소는 무조건 좋은 줄 안다. 그러나 그것들은 자연의 전체적인 복잡성의 구조가 파탄된 것으로서 모양만 비슷해 보인다) 같은 것들을 가르쳐줄지 모른다. 그 학교 이야기의 하나를 들어보기로 하자.

나는 아직도 오동나무를 찾아가던 그 시절을 생생히 기억하고 있다
그때 나는 어떤 푸른 그늘이 필요했다
하여 찾아간 오동나무와의 인사는 아름드리 그 나무 허리를 한번 안아보았던 것

[……]

오동나무는 말했다 나무 위쪽에 빼꼼한 하늘을
그냥 흑판으로 쓰는 작은 산비둘기 학교가 있고 발아래

뿌리가 뻗어나간 곳까지 일궈놓은 이십여 평의 그늘이 그의 삶의 전부라고

　그 말을 들어서일까 나무 아래 평상에 앉아 먹는
오동나무 막국수가 얼마나 맛있던지
오동나무 따님이 내온 냉차는 얼마나 시원하던지

　그때 계절은 참으로 치열하였다
염소의 두 뿔과 붉은 딸기가 얼마나 범벅이었는지
냇가에서는 돌과 잉어의 배가 얼마나 딴딴해졌는지

　〔……〕

　지금도 나는 언덕 위 그 오동나무 그늘을 기억하고 있다
　다리 건너 입구의 오동나무 편지통, 현관 앞 오 분 늦게 가는 오래된 오동나무 괘종시계, 진흙이 달라붙어 잘 떨어지지 않던 오동나무 구두, 부엌에서 들리던 오동나무 도마 소리……
　　　　　　　　　　　　　　—「오동나무」 부분

　시인이 찾아간 오동나무의 '푸른 그늘'에 대해 말해보자. 그저 머리에 산비둘기 둥지를 하나 이고 있고, 뿌리를 뻗은 곳까지 그늘을 드리우는 이 오동나무에 대해서 말이다. 산비둘기 학교를 경영하고, 이십여 평의 그늘을 경작

하는 것이 자신의 삶의 전부라고 이 오동나무는 말한다. 우리가 위에서 주목한 '학교'가 여기에도 나온다. 송찬호의 이번 시집에서 군데군데 박혀 있는 이 '학교'란 과연 무엇인가? 오동나무의 삶에서 이 '학교'의 경영은 그의 삶의 전부(반일지라도)이다. 그 '학교'는 "나무 위쪽에 빠끔한 하늘을/그냥 흑판으로 쓰는 작은 산비둘기 학교"이다. 시인은 광막한 하늘이 아니라 "빠끔한 하늘"을 이야기한다. 동화적 이야기란 바로 이러한 것이다. 광대한 것조차 작고 귀여운 것으로 치환시킬 때 아이들과 친해진다. 광막한 하늘을 이 '학교'에 걸어놓으면 기가 질려서 안 된다. 산비둘기들의 배움은 이 작아진(그러나 광막한) 흑판에서 진행되어야 한다. 이것이 바로 자연의 생명체들이 갖는 진리인지 모른다. 자신의 작은 개체들 안에 우주적 전체의 한 부분을 담고 있다는 것이 그것이다. 산비둘기들은 오동나무 꼭대기에서 하늘에다 대고 그러한 우주적 진리 공부를 하고 있는 것은 아닌가?

바로 이 작은 것들은 우주적 전체의 숨결 속에, 그 한 부분으로 깃들어 있다. 오동나무는 바로 그러한 철학으로 이 땅에서 자신의 "푸른 그늘"을 경작하는 것이다. 이러한 '경작'은 문화이자 문명의 은유이다. 송찬호는 그저 자연으로의 복귀를 이야기하는 것이 아니리라. 오동나무의 철학을 담고 있는 문화와 문명의 방식에 대해서 이야기하는 것이 아니겠는가. 그가 우리의 그러한 삶의 방식들을 이 오동나무 재료와 뒤섞는 것을 보라. 그가 언덕 위 오동나무 그늘을 기억하며 떠올리는 것들이 바로 그러하다. 시의 끝에 나열되는 오동나무 편지통, 오동나무 괘종시계, 오동나무 구두, 오동나무 도마 같은 것들이다. 이러한 것들은 오동나무 문명의 목록들인 것이다. 시인은 웅변적인 어조로 설교하지 않고, 자신의 동화적인 추억처럼 우리 안의 어린아이를 불러내며 이야기해준다.

3. 자연의 주민들과 문명의 폐허를 파묻기

이러한 오동나무를 방문해서 그를 한 아름 안아보며 인사했던 시인이 '염소 학교'에 대해 이야기한다. 문명적 존재, 인공화된 존재를 자연주의적인 상태로 경작하기 위해서는 많은 노력이 필요하다. '염소 학교'는 자연적 생명력을 복구시키는 학교라고 할 수 있다. 이 특이한 학교는 자연의 말과 글을 가르친다. "하여, 우리는 저 고집 센 꽃으로부터/뿔을 뽑아내기 위해/근육을 덜어내기 위해/짐승을 쫓아내기 위해/부단히 채찍질을 하였다"(「염소」) 나비와 벌을 들이받으며 자연적인 어우러짐을 외면한 채 그저 버티기만 하는 '저 꽃'을 교육시키는 것, 그렇게 해서 그 꽃으로부터 염소의 생명력(뿔과 근육, 짐승)을 분출시키는 것이 필요하다. 아마 이 꽃 이미지는 자연의 꽃이 아니라 인공적인 문명의 꽃일 것이다.

이 '염소 학교'에서는 흔히 서구 근대 지식인들이 생각했던 문명과 야만(자연 상태)의 이분법이 전도된다. 이 역전은 레비스트로스의 구조주의적 인식을 넘어서는 일이다. 그는 야만에 대한 문명의 우월성을 비판하고 구조적 동등성을 인정했다. 그러나 많이 봐준 것 같은 이러한 구조주의적 인식은 '야생의 삶'을 충분히 알지 못했다. 그들은 자연의 신비에 대해 기계적이고 분석적인 이성으로 접근하는 바람에 그 총체적 생명력을 인식하는 데 실패했다. 근대적 이성의 구조가 볼 수 있는 것만 보았던 셈이다. 아마존 지역에 사는 원주민들이 풀과 나무와 동물과 곤충, 그리고 하늘과 땅을 인식한 것은 자신들의 영적 무의식을 통해서였다. 그들 중의 어떤 부류들은 식물과도 대화했으며, 동물의 영과도 대화했다. 대화를 통해서 그러한 존재들의 심층적인 지식에까지 도달할 수 있었으며, 밀림의 광대한 영역 속에서 자신들의 병을 치료해주는 식물을 정확하게 파악할 수도 있었다. 이러한 대화술이야말로 우주 자연의 모든 것에 대한 정확한 지식에 도달하기 위한 전제조건이다. 근대적 이성의 언어는 이것에 비하면 밀폐된 언어이며, 인간 자신만을 비추는 나르시시즘적 언어이다. 자신의 언어만이 메아리처럼 울려오는 나르시시즘적 거울의 공간에서 빠져나가는 것이 필요하다. 이상이 「거울」이나 「오감도」 중 「시제10호——나비」 같은 시들을 통해서 말하고자 했던 것이 바로 그러한 것이다. 인간의 문명은 거울 속에 유폐되어 있으며, 자신의 얼굴만을 보고 있다. 시인은 자연의 풀처럼 자라는 수염을 나비 날개처럼 파닥거리며 그 거울을 꿰뚫는 말을 해야 한다. 시인의 자화상은 바로 이 나비수염을 달고 거울 밖의 참 나를 응시하는 창백한 모습이다. 이러한 자화상을 그릴 수 있는 시인만이 참된 시인의 자격이 있지 않을까?

송찬호는 동화적 상상력을 통해서 그러한 자연의 주민들에 접근한다. 「반달곰이 사는 법」 「칸나」 「찔레꽃」 「늙은 산벚나무」 「토란 잎」 「손거울」 등 그의 많은 시들은 자연의 동물과 식물과 곤충에 대한 헌사이다. 그러한 존재들의 영역을 방문하는 일은 그저 호기심의 차원에서 이루어지는 것이 아니다. 지금까지 그들로부터 등을 돌리고 떠난 세월에 대한 반성이 필요하다. 그들을 배신했던, 아니 오히려 그들의 세계를 마구 파괴하는 못된 짓만 일삼던 문명적 삶을 반성하는 태도를 갖는 것이 필요하다. 그러할 때 그 세계의 주민들이 자신들의 마음을 열게 된다. 송찬호의 시들 속에 깃들어 있는 시인은 충분히 그러한 주민들과 대화를 틀 수 있는 자격을 갖춘 것으로 보인다.

「토란 잎」이 위의 시들 중에서도 가장 그러한 대화론적 차원을 잘 보여준다. 여기서 '나'는 토란 잎의 물방울 마을 속에 초대된 것이다.

나는, 또르르…… 물방울이 굴러가 모이는 토란 잎 한 가운데 **물방울 마을**에 산다 마을 뒤로는 **달팽이 기도원**으로 올라가는 작은 언덕길이 있고 마을 동남쪽 해 뜨는 곳 토란 잎 끝에는 **청개구리 청소년수련원**의 번지점프 도약대가 있다

토란 잎은 비바람에 뒤집힌 우산을 닮았다 가끔씩 우리는 빗방울 듣는 토란 잎 대궁 아래 앉아 아직 오지 않은 버스를 기다리곤 한다 한번은 낙하산을 타고 내려오던 군인이 하늘에서 길을 잃고 토란 잎에 착지한 적 있다 나는 그와 함께 초록 뱀이 짧게 발등을 스치고 지나간 청춘의 오솔길에 대해 오래 이야기하였다

〔……〕

지난여름 세차게 소나기가 **토란 잎을 두드리며 연주하는 가설무대**가 들어온 적 있다 한 달간 소나기가 계속되었고 그다음 한 달은 폭염이 세상을 지배했다 빗속 천둥과 번개가 토란 잎 위에서 뒹굴었고 그다음 전라(全裸)의 젊은 남녀가 태양을 피해 토란 잎 그늘로 뛰어들었다 그러고 보면 세상을 한껏 치장하는 앵무새의 혀, 사자의 갈기, 원숭이의 다이아몬드 꼬리, 잉어의 수염 등은 한낱 삶의 가면에 불과하다 ——「토란 잎」 부분(강조는 인용자)

토란 잎 마을에 살면서 달팽이 기도원과 청개구리 청소년수련원을 볼 수 있는 이 시선은 단순한 눈높이 낮추기에서 나오지 않는다. 그 소인국에 들어가려면 자신도 그러한 '작은 영토'의 주민이 되어야 한다. 작은 영토에도 수많은 환경과 무한히 많은 사연이 있다. 그곳에서도 의인화된 인간 세계 같은 것이 있는 것이다.
　송찬호는 이 시집의 서론에 해당하는 「채송화」에서 자신의 이번 책이 '소인국 이야기'임을 밝혔다. "이 책은 소인국 이야기이다//이 책을 읽을 땐 쪼그려 앉아야 한다//책 속 소인국으로 건너가는 배는 오로지 버려진 구두 한 짝// 깨진 조각 거울이 그곳의 가장 큰 호수"라고 그는 노래한다. 일상 현실에서 쓸모없이 버려진 "구두 한 짝"과 "깨진 조각 거울" 같은 것들을 통해 우리는 그 소인국 이야기 속으로 들어갈 수 있다. 그는 낮잠을 즐기는 '고양이의 철학 시간'에 일상의 문명에서 그러한 야생의 지대로 빠져나갈 수 있다고 했었다. 이 시에서 그 철학자 '고양이'가 처음 등장한다.

　　고양이는 고양이 수염으로 알록달록 포도씨만 한 주석을
　달고　　　　　　　　　　　　　　　—「채송화」 부분

어쩐지 이상의 「시제10호——나비」에 나오는 수염나비

를 떠올리게 하는 구절이다. 이상은 밀폐된 거울 공간, 이것은 자신이 들어앉은 '방'이기도 한데, 그곳의 벽지가 찢어진 틈을 통해 유계(幽界)와 소통한다. 거울 속 자신의 모습에 풀처럼 자란 수염만이 이 밀폐된 공간 속에서 자라나는 자연의 생명력을 표상한다. 송찬호는 나비 대신 철학자 고양이를 등장시켰다. 그는 소인국 이야기에 대한 주석을 달 수 있는 자격을 갖추고 있는데, 마치 붓의 털처럼 수염이 나 있기 때문이다. 철학자 고양이는 자신의 입을 감싸는 이 수염으로 "알록달록 포도씨만 한 주석을" 단다. 이 명상가는 소인국 이야기를 주절거리기보다, 그 입을 다물고 다만 그 입 주변의 날카로운 수염으로 포도씨만 한 주석을 다는 것이 더 어울리는 것 같다. 날카로운 그 눈망울이 우리의 이야기가 놓친 것들을 모두 다 포착하고 있을 것 같기 때문이다.

「반달곰이 사는 법」에서 우리는 자연의 주민들이 인간들 때문에 받은 상처를 볼 수 있다. 이 시에서 시인은 상투적으로 자연 보호를 외치는 것이 아니다. 자연의 주민들을 깊이 이해하는 것, 그것만이 '보호'라는 우스꽝스런 문명의 표어를 폐기시킬 수 있다. 자연은 우리 안에 가둬 보호해야 할 대상이 아니다. 인간이 그들과 함께 어울려 살아갈 수 있을 때, 인간의 문명도 자연 전체와 더불어 진정한 진화를 향해 전진할 수 있다. 누가 누구를 보호한단 말인가? 인간들 전체가 심각한 위기에 봉착하고 있다. 그들의 야만적인 폭력과 마구잡이 개발과 오염 행위에 의해 자연 전체가 위기에 처해 있다. 어떻게 인간만이 그러한 위기를 피해갈 수 있단 말인가?

지리산 뱀사골에 가면 제승대 옆 등산로에서 간이 휴게소를 운영하는 신혼의 젊은 반달곰 부부가 있다 휴게소는 도토리묵과 부침개와 간단한 차와 음료를 파는데, 차에는 솔내음차, 바위꽃차, 산각시나비팔랑임차, 뭉게구름피어오름차 등이 있다 그중 등산객들이 즐겨 찾는 것은 맑은바람차이다

부부는 낮에는 음식을 팔고 저녁이면 하늘의 별을 닦거나 등성을 밝히는 꽃등의 심지에 기름을 붓고 등산객들이 헝클어놓은 길을 풀어내 다독여주곤 한다
——「반달곰이 사는 법」 부분

어떤 비평가들은 고지식하게 시에서도 시인이 지시하는 어떤 사물이 있고, 그에 대한 은유들이 있는 것으로 생각한다. 시인도 어떤 한 사건(실제로 있는)에 대해 말한다고 생각하는 것이다. 그러나 송찬호의 위 시는 실제 지리산 뱀사골 등산로에 있는 어떤 부부 이야기를 하는 것은 아니다. 그러한 부부 비슷한 사람이 어디 있건 그것은 별로 중요하지 않다. 이 반달곰 부부는 실제 있는 휴게소 가게 주

인이 아니다. 그렇다고 해서 이 반달곰이 실제 동물인 반달곰을 가리키는 것도 아니다. 동화적 세계에서 '반달곰 부부'는 의인화되어 있다. 그것은 인간의 속성들을 많이 빌려옴으로써 인간적인 것들을 자연 속으로 깊이 이끌어 간다. 문명에 대한 일종의 '염소 학교'식 자연 교양인 것이다. 반달곰과 인간적 속성을 뒤섞음으로써 송찬호는 이러한 자연 교육적 대화론 속으로 독자들을 이끌어가는 것이다. 시적인 상상력의 자유로움이 여러 가지 자연 차들을 만들어냈다. "솔내음차, 바위꽃차, 산각시나비팔랑임차, 뭉게구름피어오름차" 같은 것들은 어디에도 없는 것들이다. 이 시에서만 존재하지만, 사람들은 이러한 자연의 맛과 향취를 느끼며 그러한 기운을 마실 때 진정한 자연의 생명력을 흡수하게 되는 것이다. 자연의 주민인 반달곰이 이러한 자연의 맛과 향취를 가져다주는 가게를 운영한다면 얼마나 좋겠는가? 동화적으로 꾸며진 이야기지만 그 한마디 동화 속에는 많은 이야기가 담겨 있다. 이 동화의 마지막은 비극이다. 밀렵꾼들이 등장하고 반달곰은 총에 맞는다. 반달보호협회가 찾아와 "곰은 이미 사라져갈 운명이니 그 가슴의 반달이나 떼어 보호하"라고 권유하는 장면은 풍자적이다.

시인의 동화 속 동물들은 모두 대화론적 합성품이다. 즉 인간과 동물, 문명과 야만, 인공과 자연 이 양자 간의 합성품이다. 마그리트의 그림처럼 모순 대립적인 양극단의 폭력적인 합성이 아니다. 자연에 어울리고, 자연 속의 주민들에게 초대받을 수 있는 인간과 문명이 자연스럽게 말을 트는 대화론적 합성인 것이다. 이러한 대화론적 합성품 가운데 코끼리, 고래, 기린 같은 것들이 이 시집을 화려하게 채운다. 「코끼리」의 '코끼리'는 문명의 수많은 도전과 침략, 약탈, 그 모든 것들을 끌어안고 죽어가면서도 기념비적인 존재로, 그 문명 속에 자신을 돌처럼 영원한 것으로 만든다. 자연에서 가장 거대한 동물의 하나인 이 '코끼리'는 성자처럼, 희생양처럼, 문명의 채찍질을 견디며 문명 전체를 가로질러간다.

    나는 거대하다
    나는 천천히 먹고 잠자고 천천히 이동한다
    벌써 나는 삼만 년째 석상(石像)이 되어가고 있다
                              —「코끼리」 부분

  시인은 코끼리 속에 초원과 강과 호수를 모두 집어넣는다. "그들은 내 몸을 마구 파헤쳤다 내 눈앞에서/초원은 시들고 강과 호수는 사라져버렸다"고 노래한다. 자연은 코끼리이고 코끼리는 자연이다. "나는 거대하게 사라져간다"라고 끝맺는 이 시의 결론은 우울하다. 자연의 이 거대한 생명체가 사라져가면 결국 이 세계는 황무지가 되는 것이 아닌가?

그러나 시인이 이 동화책의 뒷부분에 「기린」을 넣은 것은 희망이 남아 있기 때문이다. 코끼리가 거대하게 사라져가는 시대의 마지막 하늘과, 거기 켜 있는 별빛을 노래하는 일이 시인의 몫으로 남겨져 있다. 시인은 이 황무지의 시대를 지키는 파수꾼이 되어야 하지 않겠는가? 윤동주가 「별 헤는 밤」에서 아득한 고향을 노래했듯이, 그리고 그러한 고향 같은 세상이 또다시 다가올 것을 기다리듯이, 그렇게 이 시대의 밤을 지켜야 한다.

길고 높다란 기린의 머리 위에 그 옛날 산상 호수의 흔적이 있다 그때 누가 그 목마른 바가지를 거기다 올려놓았을까 그때 그 설교 시대에 조개들은 어떻게 그 호수에 다다를 수 있었을까

별을 헤는 밤, 한때 우리는 저 기린의 긴 목을 별을 따는 장대로 사용하였다 기린의 머리에 긁힌 별들이 아아아아—노래하며 유성처럼 흘러가던 시절이 있었다
—「기린」 부분

백석은 일제 강점기에 목을 길게 뺀 게사니(거위)의 모습을 자신의 자화상으로 삼았다. 「허준」이란 시에 그 모습이 있다. 정지용은 목을 빼고 멀리 달을 바라보는 말을 자화상으로 삼았다. 이상은 황무지를 기어가는 뱀과 지구

의 구멍 속에서 나오는 누런 개를 자신의 자화상으로 삼았다. 송찬호의 '기린'은 이러한 시인의 동물 자화상의 대열에 합류한다. 그러나 송찬호는 이 고귀한 성자의 모습을 축제적 분위기 속에서 가볍게 만든다. 어린아이들 속에서 고깔모자를 쓰고 목에 풍선을 달고 바쁘게 뛰어다니는 기린의 모습은 다소 우스꽝스럽다. "아이들 부르는 소리에 다시 경중경중 뛰어가는 저 우스꽝스런 기린의 모습을 보아라 최후의 詩의 족장을 보아라" 아마 시인도 역시 그렇게 시를 쓰다가 아이들이 떼를 쓰고 난리를 치면 동물원에 가서 놀지 않을 수 없으리라. 갇혀 있는 동물처럼 아이들을 위해 즐거운 몸짓을 하지 않으면 안 된다. 아이들의 놀이란 우주적인 놀이이니 말이다. 진짜 동물들도 아이들의 놀이에 참여할 때만큼은 신나지 않겠는가!

4. 겨울의 동화를 위하여

아무래도 동화책을 읽는 자리는 추운 겨울날 따뜻한 난로 주변, 아니면 이부자리 속같이 아늑한, 그리고 게으른 공간이다. 우리의 어린 시절은 정말 그랬다. 요즘 같은 난방 시스템이 없었을 때, 겨울의 입김은 좀더 세차게 느껴졌었으니까. 아파트도 없었고, 가난한 사람들은 천막에 살기도 했었으니까. 그 춥고 가난한 시절에도 동화는 있었다. 송찬호는 이 '우리들의 겨울'을 기억하고 있는 것 같다. 자연의 입김을 강렬하게 느끼게 해주는 이 동장군의 기억이 그에게도 박혀 있지 않을까. 그의 시 「동사자(凍死者)」는 요즘 이야기이지만 그러한 추억을 담고 있는 것 같다.

여전히 사내는 **눈의 여왕**을 기다리고 있다 이제 방은 거의 빙하로 뒤덮였다 저쪽 방 한구석에서 소주 한 병 라면 한 냄비의 보급을 실은 쇄빙선이 몇 번 항진을 시도하다 되돌아갔다

[……]

그러나 때는 이미 늦었다 벌써 여왕이 들이닥칠 시간이다…… 여왕은 한 방울의 하얀 피를 떨어뜨려 꾀죄죄한 몇 벌의 옷과 곰팡이가 핀 벽지의 방 안 풍경을 순식간에 아름다운 설원으로 바꿔놓는다 사내의 얼굴도 피가 도는 듯하다 여왕과의 키스를 기억하려는 듯 입을 벌리고 눈을 반쯤 뜬 채, ——「동사자(凍死者)」부분(강조는 인용자)

얼어 죽은 자에 대한 아름다운 헌사이다. 겨울의 순백의 풍경 속으로 사라져가려는 듯한 모습으로 그 꾀죄죄했을 죽음을 미화했다. 송찬호에게 겨울은 그렇게 현실적인

삶의 꾀죄죄한 모습을 덮어줄 수 있는 계절이다. "눈의 여왕"은 겨울의 축복을 내려준다. 그녀의 세력으로 이끌려 들어가는 동사(凍死)는 또한 축복이다. 여왕과의 키스라는 수식은 얼어 죽는 자에 대한 최대한의 화려한 수사이다. 요즘 인기를 끌었던 어떤 어린이 영화(「나니아 연대기」)를 생각나게 한다. 거기서는 '겨울의 여왕'이 히스테리컬한 악마적인 존재로 나온다. 이 상업적 동화를 통쾌하게 전도시킨 시인의 상상력을 우리는 찬양해야 하리라. 그러나 '겨울의 여왕'을 찬양하는 것은 생명력을 왕성하게 키우는 다른 계절이 보람을 찾지 못하기 때문이다. 우리들의 문명이 그러한 계절들을 많은 부분 망쳐놓았으니까. 따라서 송찬호가 겨울을 찬양하는 것은 다소간 역설적인 부분도 스며 있다.

우리는 겨울의 여왕을 기다리고 있어요 여왕을 맞기 위해 우리는 언덕의 울타리를 높여 눈사태를 막아야 해요 **굴뚝에 고깔 지붕**을 씌우고 창문을 덧대고 무거운 솜과 소금을 짊어지고 당나귀 시험도 통과해야 해요

〔……〕

겨울의 여왕님, 우리는 당신에게 **우리 아이들**을 바쳤답니다 이 겨울 가장 추운 나라에 사는 순록의 뿔처럼 아이들

키를 한 뼘만 키워주세요 지금쯤 아이들은 대륙을 이동하는 쇠기러기의 바구니를 얻어 타고 북극을 날겠군요 투룬바 호수의 푸른 눈동자와 오로라 공주도 보겠군요 그런데 어쩌나, 우리는 백설의 구두가 녹을까 봐 따뜻한 난로 곁으로 당신을 부르지 못하겠군요…… 아무튼, 겨울이 깊었습니다 사랑해요, 겨울의 여왕님!

─「겨울의 여왕」부분(강조는 인용자)

「기린」에서 아이들의 축제를 담당하며 경중거리며 뛰어다니던 기린이 쓴 고깔이 여기에도 나온다. 이 마법의 모자는 '프리기아 모자'라고 한다. 소아시아의 소나무 신인 아티스도 이 모자를 쓰고 있다. 이 신은 아도니스처럼 매년 죽었다가 다시 살아나는 신이다. 서양의 축제에서 고깔모자는 언제나 등장한다. 이 모자는 우리의 전통 속에도 있다. 우리의 고대 그릇은 이러한 원추형이었다. 이 원추형 그릇과 후대의 뿔잔은 풍요의 상징을 담고 있다. 풍요의 뿔도 그리스에서 우리나라에까지 걸쳐 있다. 매우 오랜 신화적 기원을 이것은 알고 있을지 모른다. 송찬호는 염소의 뿔을 많이 등장시킨다. 고깔과 뿔을 통해 그는 이러한 신화적 지대와 연결되어 있다. 그러한 신화들은 어른들에게 외면당한 시대의 오랜 역사를 거쳐왔다. 근대적인 이성은 특히 그러한 헛소리들을 믿지 않는다. 물질적인 것에 깊이 사로잡혀 있는 시대에 영적인 세계는 모두 환상적 헛소리가 되었다. 그래도 이 문명화된 어른들은, 아이들에게만큼은 그러한 신화적 분위기가 담긴 동화들을 들려주며 꿈을 키워주려 한다. 그리고 아이들의 세월이 지나면 그러한 것을 말끔히 백지로 돌리고 현실의 냉엄한 질서를 익히도록 한다. 그러나 일제 강점기에 이상이 말했듯이, 이 육박해오는 현실이 너무 얄팍한 세계에 불과한 것임을 깨우쳐줄 때가 되었다. 우리들의 이성에 의해 갇힌 이 세계로부터 탈출하기 위해 아이들에게 남은 신화적 물줄기를 깨워야 한다. 송찬호는 자신의 삶 주변에서부터 그러한 동화를 재발견하려 한다. 이미 유형화된 상업적 동화나 문명의 입구에서 안내자 역할을 맡은 그러한 동화가 아니라, 전혀 새로운 동화를 말이다. 그의 '겨울 동화'는 차갑게 현실의 구조들을 장악한 권력들로부터 빠져나오는 길을 가르쳐주고 있다. 그리고 자연의 무서운 기세를 불러오고 있다. 그의 시가 말하듯이 하나의 코끼리 강은 모든 코끼리 강을 불러댄다.